普通高等教育“十三五”规划教材

大学体育与健康

上册

苏庆伟　常　征　主编
肖培君　黄文健　副主编

DAXUE
TIYU YU
JIANKANG

化学工业出版社
·北　京·

内 容 提 要

《大学体育与健康》上册主要介绍了运动的科学基础及锻炼与康复保健的相关知识，同时容易组织游戏和竞赛的项目，主要是：武术运动、田径运动、乒乓球运动、太极拳、瑜伽运动、体育舞蹈。每项运动以介绍运动技巧为主，配合丰富图片，并且部分项目编入了裁判规则，便于读者自学和掌握动作技巧、战术等，同时也能提高运动欣赏能力。本书的编写有助于引导和培养学生掌握一到两项适合自身锻炼的运动项目。

《大学体育与健康》上册通俗易懂，适用于高等院校师生教学使用，对于体育爱好者也有指导作用。

图书在版编目（CIP）数据

大学体育与健康．上册/苏庆伟，常征主编．—北京：化学工业出版社，2020.10

普通高等教育“十三五”规划教材

ISBN 978-7-122-37443-1

Ⅰ．①大…　Ⅱ．①苏…②常…　Ⅲ．①体育-高等学校-教材②健康教育-高等学校-教材　Ⅳ．①G807.4 ②G647.9

中国版本图书馆CIP数据核字（2020）第134085号

责任编辑：刘丽菲　　装帧设计：史利平

责任校对：边　涛

出版发行：化学工业出版社（北京市东城区青年湖南街13号　邮政编码100011）

印　　装：涿州市般润文化传播有限公司

787mm×1092mm　1/16　印张8　字数189千字　2020年10月北京第1版第1次印刷

购书咨询：010-64518888　　售后服务：010-64518899

网　　址：http://www.cip.com.cn

凡购买本书，如有缺损质量问题，本社销售中心负责调换。

定　　价：20.80元

编写人员

主　编： 苏庆伟　常　征

副主编： 肖培君　黄文健

编　者： 苏庆伟　常　征　肖培君　黄文健
王仲春　朱元明　李　娜　宿　元
杨　成

目　　录

第一章
运动的科学基础

第一节　人体运动生理系统

一、脑部与体育运动

体育运动时，大脑皮质管理思维的部分得到了休息，有利于缓解脑疲劳。体育运动还可以锻炼神经系统对疲劳的耐受能力和对外界环境的适应能力，延缓大脑衰老。体育运动还有助于推迟和减轻随衰老过程发展而出现的大脑迟钝、记忆力下降等。此外，体育运动可以使人心情愉快，而愉快的情绪对消除大脑和身体疲劳，恢复大脑的工作效率起着良好作用。

(1) 经常参加体育运动有利于大脑的发育　体育运动使人的视觉、听觉、本体感觉、神经传导速度和神经过程的灵活性得到提高。例如，一般人从感受信号（如见到光或听到声音）到作出反应的时间是0.3～0.5秒，而经常从事体育运动的人只有0.12～0.15秒。这表明体育运动可以促进神经系统功能的提高。

(2) 体育运动可促进右脑开发与利用　现代医学科学研究证明，人的右脑的情报容量、记忆容量、形象思维能力都大大超过左脑。运动时，右脑工作占优势，因而可以促进右脑发展，有助于提高记忆力和形象思维能力。

(3) 体育运动有利于血液循环　经常从事体育运动的人，心脑血管会更具有弹性，血液循环也更加通畅。大脑需要氧气和其他营养物质，喜欢体育运动的人血液循环量比一般人高出2倍，这样能够向大脑组织提供充足的氧气和营养物质，使大脑功能增强，思维敏捷。

(4) 体育运动能改善不良情绪，使人精神愉快　运动能有效预防和治疗神经紧张失眠、烦躁及忧郁等症（或不良情绪）。所以，有人称运动是很好的“神经安定剂”，它能使人心理更健康，头脑更灵活。

二、人体运动的执行体系

运动系统是人体运动的执行体系，它由骨、关节（骨连接）和肌肉等器官构成。它的重量约占人体体重的60%，运动员可超过70%。

在运动中，骨起着杠杆作用，骨连接（关节）起着枢纽作用，骨骼肌附着在骨上，它的收缩力作为运动的动力，牵动骨围绕着关节产生运动。骨骼肌是运动的主动部分，骨与关节则是运动的被动部分。

在体育运动中，各种各样复杂的或简单的动作，都是由骨、关节和骨骼肌来完成的，运动系统是完成动作的执行者。

1. 骨

成年人全身有206块骨，按部位来分：颅骨29块，躯干骨51块，上肢骨64块，下肢骨62块，青少年在骨化完成以前，骨的数目多于成年人。各个骨端借软骨、韧带或关节连

目的、选择运动项目、安排运动时间和运动负荷时，因人而异，区别对待。这是人们进行体育锻炼的根基，是锻炼效果好坏的基础。

遵循适宜性原则就要按照锻炼者的性别、年龄、职业、健康、身体状况，对锻炼的爱好、要求和原有基础，以及生活条件等不同实际情况来确定体育锻炼。正确运用这个原则对于调动锻炼者的自觉性、积极性，提高锻炼的效果，有重要的意义。从选择锻炼的内容为例，对正在成长中的青少年与儿童，应强调全面性，以促进他们身体的全面发展；对中老年人，则要便于他们长期坚持，以保持旺盛的精力和延年益寿。又如安排运动负荷，一般以锻炼者的自我感觉和不影响正常工作、学习和生活为准。运动负荷恰当，可称为适度。

2. 自觉性原则

自觉性原则是指体育锻炼者有明确的健身目标，充分认识体育锻炼的价值，自觉、积极地从事体育锻炼活动。体育锻炼是一个自我锻炼、自我完善，并总是伴随着克服自身惰性，战胜各种困难的过程，是养成良好习惯的过程。锻炼者应把锻炼的目的与动机和树立正确的人生观联系起来，这样才有助于形成或保持对身体锻炼的兴趣，调动和发挥更大的主动性和积极性。兴趣是人们认识事物和从事活动的倾向。当一个人对一项体育活动产生兴趣时，就会对这项体育活动表现出极大的主动性和自觉性，做到身心融为一体。

3. 讲求实效原则

讲求实效原则是指选择锻炼内容、方法和安排运动负荷时，应根据个人的性别、年龄、职业、健康状况，对锻炼的爱好、要求和原有的基础，以及生活条件等实际情况来确定，按科学方法进行锻炼，以取得最佳的锻炼效果。

在体育锻炼中讲求实效，就要根据个人实际情况，制订一套适用可行的锻炼计划或运动处方，执行时应当严格，并注意阶段性的调整。选择锻炼内容时，要注意它的锻炼价值，不要追求动作的形式，以及在力所不及的情况下去从事高难度技术动作的训练，而应选择简便易行、锻炼价值大、效果好的进行练习。安排运动负荷时，一般以自我感觉舒适和不影响正常学习、工作、生活为准。

4. 持之以恒原则

持之以恒原则是指体育锻炼必须经常性进行，使之成为日常生活中的重要内容。体育锻炼对机体给予刺激，每次刺激都产生一定的作用痕迹，连续不断的刺激作用则产生痕迹的积累。这种积累使机体结构和机能产生新的适应，体质就会不断增强，动作技能形成的条件反射也会不断得到强化。体育锻炼的效果并非一劳永逸，长时间不锻炼，已经取得的效果也会逐渐消退，中断锻炼的时间越长，消退越明显。只有经常参加体育锻炼，安排适合自己兴趣、爱好的运动项目，科学地制订健身计划，并能连续、系统地实施，才能不断有效地增强体质。因此，体育锻炼贵在坚持，不能设想在短时间内取得显著效果。

要使体育锻炼持之以恒，就要根据个人能力所及，确立一个能够实现的体育锻炼目标（不宜太高），制订一个切实可行的锻炼计划（能长期坚持）。强化锻炼意识，把体育锻炼列为日常生活内容，定期保证一定的体育锻炼时间，逐步养成习惯，使体育锻炼成为生活的重要组成部分。同时，每次锻炼要安排合理的锻炼间隔。

5. 循序渐进原则

循序渐进原则是指体育锻炼必须遵循人体自然发展、机体适应的基本规律。在身体运动

过程中，运动的形式、内容、方法和手段要由简到繁、由易到难，运动负荷要由小到大。在体育锻炼过程中，运动负荷的大小直接影响人体机能的变化，负荷是否适宜，对锻炼效果的好坏起很大的作用。运动负荷的大小因人、因时而异。即便是同一个人，在不同的机能状态、不同的时间，身体对负荷的承受能力也不尽相同。因此，进行体育锻炼时应循序渐进，随时调整运动负荷，逐步提高锻炼水平。

贯彻循序渐进的原则，就要力戒急于求成，必须根据锻炼者自身的实际情况确定运动负荷的大小，做到量力而行，尤其要注意锻炼后的疲劳度。运动负荷应由小到大，逐步提高。开始从事体育锻炼或中断体育锻炼后恢复锻炼时，强度宜小，时间宜短，密度适宜。一般应在逐步提高“量”的基础上，再逐渐增大运动强度。随时加强自我监督，密切注意身体机能的不良反应。锻炼开始时，重视准备活动；锻炼结束后，做好放松整理活动。缺乏一定体育锻炼基础的人，或中断体育锻炼过久的人，不宜参加紧张激烈的比赛活动。

6. 身心协调原则

人具有三种属性：自然属性、社会属性和精神属性。由于精神属性也是人的社会属性，因此，人们又把人的属性分为两个方面：自然属性和社会属性。

通常人们看一个人是否健康，不仅看机体状况，而且看精神状态。现代医学对各种疾病的治疗、对身体的康复判断，都是从生理、心理和社会几个方面着手；现代三维体育观强调体育的作用，要从生物、心理、社会几个方面加以考察，称为身心互制原理。根据这一原则，运动锻炼，不仅要考虑身体状况，还要考虑心态，做到身体、心情和运动的协调。

7. 全面性原则

全面性原则是指体育锻炼必须追求身心全面和谐发展，使身体形态、机能、身体素质及心理素质等方面得到全面协调的发展。人体是一个统一的整体，各器官系统的机能是相互影响、相互制约的。因此，身体任何局部机能的提高，必然可以促进机体其他部位机能的改善。不同的锻炼内容和方法在促进身体机能方面有不同的作用，同时也都有一定的局限性，所以必须以多样化的锻炼内容和方法来使身体得到全面、协调的发展。要达到这一点，一方面尽可能选择对身体有全面影响的运动项目，如跑步、游泳等；另一方面，也可以某一项为主，辅以其他锻炼项目。值得注意的是，不要过分单一性锻炼。

要做到全面锻炼，就必须保持身心的全面发展，体育锻炼的内容、方法要尽可能考虑身体的全面发展，一般以一些功效大、兴趣较浓的运动项目为主，以其他项目为辅进行全面锻炼。注意全身的活动，不要限于局部。

可以说，每条原则都是运动健身规律的组成部分。运动健身规律，是哲学基本规律对立统一规律、质量互变规律和否定之否定规律的具体体现；同时，也是最佳健身的实际反映。我们把它概括为：适宜、适度、身心协调、整体加强。这是运动健身的基本原则，也是运动健身的规律。即运动项目、动作的选择要适宜或适合，运动负荷或运动量要适度，运动时，对身体状况和心理状态结合考虑，以身体整体加强或改善为目的。

简言之，运动锻炼，应当是对每个人既适宜又适度，针对性与整体性结合，躯体与心态联系的运动。其实质是运动要根据实际情况而定并满足身心需要。这是运动锻炼最基本的原则，也是运动锻炼应遵循的规律。

第二节　运动锻炼与健身

一、健身认识的发展

很多年来，大部分人对健身的认识往往停留在“增强人民体质”的层面上，对健身生理功能的认可占主要方面。在现代社会，物质财富的积累为健身运动的普及和发展提供了必要条件的同时，也给人类的健康带来了许多负面影响。劳动密集型产业工人的过细分工，使局部肢体疲劳积累，进而影响大脑的清醒程度，容易出现睡眠障碍，工作效率降低；信息工作者长时间的伏案工作，给神经系统带来了高度紧张，大脑对氧气和能量的消耗明显增多，诱发神经衰弱、新陈代谢低下等疾病，严重影响了生活质量；都市化生活带来的社会压力，使人们在交友、婚姻、工作、人际关系等诸多方面发生心理疾病的概率大大提高。所以必须把原先的生理健身观逐渐转变成生理、心理、社会健身观。从这个视角出发，现代社会的健身运动是一种社会性的精神生产和文化消费高度统一的动态过程。各种健身方式，不论是自娱自乐的活动，还是竞技场上的激烈较量，甚至是野外探险，都是围绕满足人们生理、心理和社会的要求而进行的。

健身观念，是一种与社会可持续发展相适应的新型观念。它一方面要求实践主体的全民性，使健身成为人们的一种具有最广泛社会意义的活动；另一方面要求实践行为的终身性，并融生存、享受、发展需要为一体，使健身的发展具有最大的持续性和最佳的效果。要达到健身的目的，运动锻炼是最佳途径之一。要在符合运动规律和原则的基础上，通过科学有效的锻炼方法和手段，来体现健身运动的价值。

对大众健身运动来讲，个性化、娱乐性和心理调节是运动过程的主要特点。通过参加体育运动，特别是参加那些自己喜爱和擅长的运动项目，人们会在身体完成各种复杂练习的过程中，在与同伴默契的配合中，在与对手斗智拼搏的过程中，在征服并获得胜利后，得到一种非常美妙的生理上的快感和心理上的满足感。它可以使人产生自尊心、自信心、自豪感，满足人们与同伴交往、合作的需要。同时，由于各种运动项目的不同特点，能使人在实践中获得各种不同的愉快情绪。

二、运动锻炼对健身的具体作用

1. 运动锻炼增进健康，延缓衰老

长期坚持运动，可使各脏腑器官功能增强。由于机体充满活力，从而可延缓衰老，使人健康长寿。

一个人体质的好坏、衰老的快慢是可以控制的。实践证明：人体的发展变化，可以向不同方向发展，科学合理的生活方式可以推迟衰老，使人健康长寿，而不健康的生活方式会使人体质削弱，甚至未老先衰。

2. 运动锻炼促进个体机能的发展，提高基本活动能力

① 能改善和提高中枢神经系统的工作能力，使人头脑清醒、思维敏捷。大脑是人体的最高指挥部，人体一切活动的指令，都是由大脑发出的。大脑的重量虽只占体重的 2%，但是它需要的氧气却要由人体总血量的 20%来供应，比肌肉工作时所需血液多 15～20 倍。然而，脑力劳动者长时间伏案工作，机能活动的特点是呼吸表浅，血液循环和新陈代谢缓慢。

长时间进行脑力劳动会使人头昏脑涨，就是由于大脑供血不足、缺氧。

进行体育运动，特别是到大自然中去活动，可以改善大脑供血、供氧情况，可以促使大脑皮质兴奋性增加；兴奋和抑制更加集中，神经过程的均衡性和灵活性加强；对体外刺激的反应更加迅速、准确，大脑分析综合能力加强，整个有机体的工作能力提高。

② 促进有机体的生长发育，提高运动能力。生长是指细胞的繁殖和细胞间质的增加所形成的形体上的变化，它是人体量变的过程。而发育则是有机体各器官、系统的结构逐步完善，机能逐渐成熟的过程。

③ 促使人体内脏器官构造的改善和机能的提高。体育运动能使人体内能量消耗增加，代谢产物增多，新陈代谢旺盛，血液循环加速，从而使血液循环系统、呼吸系统、消化系统、排泄系统的机能都得到改善，使为这些系统工作的器官——心、肺等，在构造上发生变化，提高机能。

3. 运动锻炼调整心情、振奋精神，进行积极性休息

体育运动能调节人的心理，使人朝气蓬勃，充满活力。运动能使人心情舒畅，精神愉快，可以调节人的某些不健康情绪和心理，如意气的消沉和情绪的沮丧。美国一位心理学家发现，跑步能成功地减轻学生们在考试期间的忧虑情绪。人们还发现，有紧张烦躁情绪的人，只要散步超过 15 分钟，紧张情绪就会放松下来。

现代体育运动，特别是竞技运动，其运动艺术日益向难、新、尖、高的方向发展，健、力、美的高度统一，使人们在观看体育表演和比赛时，产生一种美的享受。因此，在运动场上，常常有一种移情作用，在观众和运动员之间扩散开来，使观众忘却烦恼和不愉快，“净化”了观众的感情，使人们由于工作和劳动带来的紧张、疲劳和紊乱的情绪得到积极有益的调节。

4. 运动锻炼有助于形成良好体形，增进形体美

长期坚持健身训练可使少年儿童生长发育健全，体形健美，姿态端正；使青年人动作优美，体态矫健；使中年人延缓身体的衰退，保持良好体形。总之，健美的形体可通过运动锻炼得来。通过科学、系统的形体锻炼，不仅能够增强身体素质，提高健康水平，而且还能减肥，保持相对稳定的体重，使形体健美，同时能修饰和改善身材的不足，使生命力更旺盛，精力更充沛，使学习、工作的节奏更清晰、更有效。

形体美的内容很广泛，它包括体形美、姿态美和动作美。因此，形体训练也必须选择多种内容，运用多种方法。形体训练不仅可以完善体形、体态和仪表，还可以陶冶情操、美化身心。

5. 运动锻炼具有防治疾病和恢复功能的作用

（1）防治疾病功能　由于现代人类的生产和生活方式已发生了巨大变化，人类的体力劳动大量减少，出现肌肉活动量严重不足，同时，脑力劳动量和精神负荷急剧增加，大量的身心疾病也就随之出现。在人类进化过程中，肌肉活动已成为维持良好生物学状态所不可缺少的自然生理刺激因素。肌肉活动长期不足，会使机体的感受器钝化，各级控制中枢对信息的自理过程失灵。每当机体运动时，在机体内至少引起十几个因素的变化，如气体交流、血糖的消耗、血液循环的加强和体温调节等，肌肉活动增加了对许多系统和器官功能活动的要求，从而使一个复杂的反馈环被激活。为此，需通过各种体育活动来防病治病，调节身心，促进健康。

（2）恢复功能　运动恢复也称运动疗法，是康复医疗的重要措施之一。它是利用人体肌

肉关节的运动，以达到防治疾病、促进身心功能恢复和发展的方法。它必须根据残疾人和患者的疾病诊断、病期、功能状态、康复目标等具体条件，以运动处方的形式，选择合适的运动方法，确定适当的运动量，规定注意事项等，由患者自己在医生或家属的指导、帮助下进行锻炼，以改善或提高运动能力和内脏功能，促进康复。运动疗法是一种积极的治疗，需要患者自身的积极性才能坚持治疗，同时运动本身又能进一步提高患者情绪的积极性和锻炼的自觉性，从而更有利于患者的康复；它是一种局部和全身相结合的治疗，虽然运动疗法表现为对局部肢体的功能训练，但同时也影响到全身脏器的功能；它是一种集保健、预防、治疗、康复于一体的疗法。

第三节　运动损伤与运动处方

一、运动损伤

1. 运动损伤的概念

健身的目的是为了健康，但由于不正确的锻炼方法造成运动损伤也是常见的，所以我们必须了解一些运动损伤的产生原因和预防措施。参加运动锻炼，首先要了解自己是否有不适合运动锻炼的家族病（比如哮喘等），并了解自己的身体情况，有心脏病或其他因参加运动会使病情加重的疾病，应该先治病或参加康复锻炼，之后才能参加运动锻炼。

运动损伤指运动过程中发生的各种损伤。其损伤部位与运动项目以及专项技术特点有关。如体操运动员受伤部位多是腕、肩及腰部，与体操动作中的支撑、转肩、跳跃、翻腾等技术有关。运动损伤对运动员所造成的影响是严重的，不仅影响正常的训练、比赛，妨碍运动成绩的提高，减少运动寿命，严重的还可能引起残疾，甚至死亡。

损伤的主要原因是：训练水平不够，身体素质差，动作不正确，缺乏自我保护能力；运动前不做准备活动或准备活动不充分，缺乏适应环境的训练，以及教学、竞赛工作组织不当。运动损伤中急性多于慢性，急性损伤治疗不当或过早参加训练等原因可转化为慢性损伤。

因此，在体育健身中，我们对运动损伤的预防应有充分的认识，需要很好地掌握运动损伤的发生规律，切实做好预防工作，最大限度地减少或避免运动损伤。同时，还应了解和掌握一些体育健身运动中常见的运动损伤的产生原因、预防与处理方法，从而使体育运动安全而富有成效。

2. 预防损伤的十个主要方法

① 加强思想教育。

② 合理安排运动的负荷。

③ 学习防止运动损伤的技术和理论。

④ 加强易伤部位的练习，热身时着重练习。

⑤ 10%增加的原则：一周内增加频率、强度、持续时间不要超过10%，循序渐进。

⑥ 保持有氧运动和无氧运动的均衡，同时参加一些力量和柔韧练习，防止受伤。

⑦ 损伤后身体需要时间去恢复。

⑧ 吃饭前后一小时不运动，运动前不要空腹，运动前、中、后要饮足够的水。

⑨ 参加不同的训练，如交叉训练以锻炼不同的肌肉群。

⑩ 根据自己的身体及时调整运动，如果某部位运动产生酸痛，可以考虑减小运动量或停止。

3. 常见运动损伤的原因及治疗

（1）肌肉韧带拉伤

内因：准备活动不充分，肌肉的生理机能尚未达到剧烈活动所需要的状态就参加剧烈活动。

外因：场地、气温、湿度不适；上课内容不佳；教练专业水平不够。

预防：选合适的教练、场地及适当的课程，在正常天气情况下锻炼，准备活动充分，循序渐进。

处理：肌肉拉伤后，要立即进行冷敷，用冷水冲局部或用毛巾包裹冰块冷敷，然后用绷带适当用力包裹损伤部位，防止肿胀。视恢复情况，24～48 小时后拆除包扎，可适当热敷或用较轻的手法对损伤局部进行按摩。

（2）关节扭伤

内因：技术掌握不好，协调性差，关节周围肌肉力量小、生理结构不佳。

外因：准备活动不够，场地滑，器材使用不当，教练不合适，内容不好（动作速度快，转、跳多）。

预防：准备活动充分；了解器材的使用方法；循序渐进，运动时自己放慢动作速度。

处理：受伤后 24 小时内为急性期，处理方法是停止运动，冷敷、包扎、抬高受伤部位。24 小时后为恢复期，配合按摩、微动、康复或恢复性锻炼。

（3）运动疲劳

表现：心动过速，运动后血压、脉搏恢复慢，内脏不适。

原因：训练方法不对，运动量大，训练时间长，休息不充分等。

预防：安排合理的训练时间、计划，注意劳逸结合。

处理：调整锻炼计划、运动量，循序渐进；进行系统训练、全面训练。

（4）运动性晕厥

表现：头晕，眼发黑，面色苍白，手发凉，严重时晕倒。

原因：运动时血液供应下肢较多，突然停止运动时静脉回流不够，脑缺血缺氧。

预防：大强度运动后，不要马上停止运动。

处理：平卧，脚垫高，头低于脚，从小腿向大腿按摩。

（5）脑卒中（中风）

表现：人体功能受影响，皮肤干、红、热，脉搏快、弱，呼吸浅等。

处理：有知觉的，适量喝水、宽衣，如呕吐就不要给其流质食物，打电话送医院等。无知觉的，先呼救，同时拨打 120 急救电话，使其侧躺，观察呼吸，将冰块放在腕、踝、腋、颈部等动脉搏动处，不按摩。

（6）运动腹痛

原因①：肝脾淤血、慢性腹部疾病。

原因②：呼吸肌痉挛（准备活动不够，肺透气度低，运动与呼吸不协调）。

原因③：胃肠痉挛（运动前吃得过饱、饭后过早运动，空腹或喝水太多）。

预防：运动前进行健康检查，合理安排运动饮食，吃饭前后 1 小时内不运动，不空腹、不喝太多水运动。

第三章
武 术 运 动

第一节 武 术 简 介

中国武术又称“国术”或“武艺”，是中国传统体育项目。其内容是把踢、打、摔、拿、跌、击、劈、刺等动作按照一定规律组成徒手的和器械的各种攻防格斗功夫、套路和单势练习。中国武术不仅是一种中国传统的体育运动形式，而且是一个完整的文化意识形态，它涵盖了中国古典哲学、伦理学、美学、医学、兵学等中国传统文化的各种成分和要素，渗透着中国传统文化的精髓。中国武术具有极其广泛的群众基础，是中国人民在长期的社会实践中不断积累和丰富起来的一项宝贵的文化遗产。

武术最初作为军事训练手段，与古代军事斗争紧密相连，其技击的特性是显而易见的。在实用中，其目的在于杀伤、制服对方，它常常以最有效的技击方法，迫使对方失去反抗能力。这些技击术至今仍在军队、公安中被采用。武术作为体育运动，技术上不失攻防技击的特性，并将技击寓于搏斗运动与套路运动之中。搏斗运动集中体现了武术攻防格斗的特点，在技术上与实用技击基本上是一致的，但是从体育的观念出发，它受到竞赛规则的制约，以不伤害对方为原则。如散手对武术中有些传统的实用技击方法作了限制，而且严格规定了击打部位和保护护具，短兵中使用的器具也作了相应的变化，而推手则是在特殊的技术规定下进行竞技对抗。因此，可以说武术的搏斗运动具有很强的攻防技击性，但又与实用技击有所区别。

中国武术分类有以地区划分的，有以山脉、河流划分的，有以姓氏或内外家划分的，也有按技术特点划分的。按其运动形式可分为：套路运动和搏斗运动两大类。套路运动，是以技击动作为素材，以攻守进退、动静疾徐、刚柔虚实等运动的变化规律编成的整套练习形式。套路运动按练习形式又可分为单练、对练和集体演练三种类型。单练包括徒手的拳术与器械。对练包括徒手的对练、器械对练、徒手与器械对练。集体演练分徒手的拳术、器械或徒手与器械。

第二节 武术基本功

一、手型和步型

1. 手型

（1）拳　四指并拢卷握，拇指压于食指、中指的第二指节上（图 3-1）。

（2）掌　四指并拢伸直，拇指弯曲紧扣于虎口处（图 3-2）。

（3）勾　五指第一指节捏拢屈腕（图 3-3）。

图 3-1 拳

图 3-2 掌

图 3-3 勾

2. 步型

（1）弓步 左脚向前一大步（为本人 4 脚之长），脚尖稍内扣，左腿屈膝半蹲（大腿接近水平），膝与脚尖垂直。右腿挺膝伸直，脚尖内扣（斜向前方），两脚全脚着地，上体正对前方，两眼向前平视，两手抱拳于腰间。弓右腿为右弓步，弓左腿为左弓步（图 3-4）。

（2）马步 两脚平行开立（约为本人 3 脚之长），脚尖正对前方，屈膝半蹲，膝部不超过脚尖，大腿接近水平，全脚着地，身体重心落于两腿之间，两手抱拳于腰间（图 3-5）。

（3）虚步 两脚前后开立，后脚外展 45°，屈膝半蹲。前脚脚跟离地，脚面绷平，脚尖稍内扣，虚点地面，膝微屈。两手叉腰或抱拳（见图 3-6）。

（4）仆步 两脚左右开立，右腿屈膝全蹲，大腿和小腿靠紧，臀部接近小腿，全脚着地，脚和膝外展，左腿挺直平仆，脚尖里扣，全脚着地，两手抱拳于腰间，眼向左方平视（图 3-7）。

（5）歇步 两腿交叉靠拢全蹲，左脚全脚着地，脚尖外展，右脚前脚掌着地，膝部贴于左腿外侧，臀部坐于右腿接近脚跟处；两手抱拳于腰间，眼向左前方平视（图 3-8）。

图 3-4 弓步

图 3-5 马步

图 3-6 虚步

图 3-7 仆步

图 3-8 歇步

二、腿功练习

1. 正压腿（图 3-9、图 3-10）

正压腿：双腿并拢站立，抬起左腿将脚跟放在肋木上，脚尖勾起，踝关节屈紧，两手扶在左腿膝盖上。两腿伸直，挺腰，上体前屈，向前向下做振压腿的动作。

图 3-9 正压腿一

图 3-10 正压腿二

图 3-11 侧压腿

2. 侧压腿（图 3-11）

侧压腿：将前腿抬起放置于支撑物上，保持腿直；后腿支撑身体重心，脚尖向外展

90°，脚跟与前脚平行成一线，腿亦挺直放松，身体向侧振压至前脚尖方向。

3. 后压腿（图 3-12）

后压腿：背对一支撑物，将一条腿向后放置在支撑物上，而后上体努力向后振压。

4. 仆步压腿（图 3-13）

仆步压腿：右腿全蹲，左腿挺膝伸直，脚尖内扣。两脚全脚掌着地，两手分别抓握两脚外侧。

要点：挺胸、立腰、沉髋，臀部尽量贴近地面。

5. 正踢腿

预备姿势（图 3-14）。左脚向前半步，左腿支撑，右脚勾起脚尖向前额处猛踢。两眼向前平视（图 3-15），练习时左右交替进行。

图 3-12　后压腿

图 3-13　仆步压腿

图 3-14　正踢腿一

图 3-15　正踢腿二

6. 侧踢腿

右脚向前半步，脚尖外展，左脚脚跟稍提直，身体略右转，右臂前伸，右臂后举（图 3-16）。随即左脚脚尖勾紧向左耳侧上踢，同时右臂屈肘上举亮掌，左臂屈肘立掌附于右肩前。眼向前平视（图 3-17）。

7. 外摆腿

右脚向右前方上半步，左脚脚尖勾紧，向右侧踢起，经面前向左侧上方外摆，直腿落在右腿旁，眼向前平视，左掌可在左前方击响（图 3-18 和图 3-19）。练习时，左右交替进行。

图 3-16　侧踢腿一

图 3-17　侧踢腿二

图 3-18　外摆腿一

图 3-19　外摆腿二

8. 里合腿

右脚向右前方上半步，左脚脚尖勾起内扣并向左侧踢起。经面前向右侧上方直腿里合，落于右脚外侧。右手掌在右侧上方可迎击左脚掌（击响），眼向前平视（图 3-20 和图 3-21）。练习时，左右腿可交替进行。

9. 弹腿

右腿屈膝提起，大腿与腰平，右脚绷直（图 3-22）。提膝接近水平时，要迅速猛力挺膝，向前平踢（弹击），力达脚尖。大腿与小腿成一直线，高与腰平，左腿伸直或微屈支撑（图 3-23）。

图 3-20　里合腿一

图 3-21　里合腿二

图 3-22　弹腿一

图 3-23　弹腿二

10. 侧踹腿

两腿左右交叉，右腿在前，稍屈膝（图 3-24）。随即右腿伸直支撑，左腿屈膝提起，左脚内扣，脚跟用力向左侧上方踹击，高于肩，上体向右侧倾斜，眼视左侧方（图 3-25）。练习时，可左右交替进行。

图 3-24　侧踹腿一

图 3-25　侧踹腿二

第三节　初级长拳第三路

一、初级长拳第三路简介

初级长拳第三路是原国家体育运动委员会在 20 世纪 50 年代，根据广大人民群众锻炼身体的需要而组织创编的有利于武术普及和发展的优秀武术套路。在武术运动中影响较大，有广泛的群众基础。初级长拳吸取了查、花、炮、红诸拳种之长，把长拳类型的手法、手型、步法、步型、腿法、平衡、跳跃等动作规格化，按照长拳运动方法编成各种拳械套路。

1. 运动特点

它的特点是姿势舒展大方，动作灵活快速，出手长，跳得高，蹦得远，刚柔相济，快慢相间，动迅静定，节奏分明。它的内容包括拳、掌、钩三种手型，弓、马、仆、虚、歇五种步型，还有一定数量的拳法、掌法、肘法和伸屈、直摆、扫转、击响等不同组别的腿法及平衡、跳跃、跌仆、滚翻动作。

2. 练习要求

长拳在技术上有八点要求。

① 姿势：头正，颈直，沉肩，挺胸，直腰，敛臀，上肢舒展、挺拔，下肢稳定、匀称。

② 动作：在做踢、打、摔、拿等技击动作时，起止点、路线、力点都要清晰。

③ 身法：要把躯干活动和吞、吐、闪、展、冲、撞、挤、靠等攻防变化紧密结合起来。

④ 眼法：要做到手眼相随，手到眼到，通过眼神把一招一式的内在意识充分表达出来。

⑤ 精神：要全神贯注，表现出勇敢、机敏、无所畏惧的气概。

⑥ 劲力：要有刚有柔，要刚而不僵，柔而不松，刚柔相济，发劲时有爆发力；要以意识支配动作发力，并以气息配合，做到内外合一。

⑦ 呼吸：讲究提、托、聚、沉四法。跳跃时用提法，静止性动作用托法，刚劲性动作用聚法，由高到低的动作用沉法。

⑧ 节奏性：在演练中，快与慢、动与静、刚与柔、起与伏等多种矛盾的对比越鲜明，越突出，节奏性越强。

3. 健身作用

长拳动作舒展，关节活动范围较大，对肌肉和韧带的柔韧性、弹性都有较高要求。同时，由于长拳动作大多是用大肌肉群来进行活动的，要求肌肉活动量大而且迅速，需氧量较大，因此对提高心肺功能也有良好作用。

二、动作名称

1. 预备动作

①虚步亮拳；②并步对拳。

2. 第一段

①弓步冲拳；②弹腿冲拳；③马步冲拳；④弓步冲拳；⑤弹腿冲拳；⑥大跃步前穿；⑦弓步击掌；⑧马步架掌。

3. 第二段

①虚步栽拳；②提膝穿掌；③仆步穿掌；④虚步挑掌；⑤马步击掌；⑥叉步双摆掌；⑦弓步击掌；⑧转身踢腿马步盘肘。

4. 第三段

①歇步抡箍拳；②仆步亮掌；③弓步劈拳；④换跳步弓步冲拳；⑤马步冲拳；⑥弓步下冲拳；⑦叉步亮掌侧踹腿；⑧虚步挑拳。

5. 第四段

①弓步顶肘；②转身左拍脚；③右拍脚；④腾空飞脚；⑤歇步下冲拳；⑥仆步抡劈拳；⑦提膝挑掌；⑧提膝劈掌；⑨弓步冲拳。

6. 结束动作

①虚步亮掌；②并步对拳；③还原。

三、动作说明与图示

1. 准备

两脚并步站立，两臂垂于身体两侧，五指并拢贴靠腿外侧，眼向前平视（图 3-26）。

要点：头要端正，颏微收，挺胸，塌腰，收腹。

2. 预备动作［图 3-27（a）、(b)］

① 右脚向右后方撤步成左弓步。右掌向右、向上、向前划弧，掌心向上；左臂屈肘，左掌提至腰侧，掌心向上。目视右掌。

② 右腿微屈，重心后移。左掌经胸前从右臂上向前穿出伸直；右臂屈肘，右掌收至腰侧，掌心向上。目视左掌。

③ 重心继续后移，左脚稍向右移，脚尖点地，成左虚步。左臂内旋向左、向后划弧成勾手，勾尖向上；右手继续向后、向右、向前上划弧，屈肘抖腕，在头部上方成亮掌（即横

图 3-26　准备动作

(a)　(b)　(c)

图 3-27　预备动作

掌），掌心向前，掌指向左。目视左方。

要点：三个动作必须连贯。成虚步时，重心落于右腿上，右大腿与地面平行。左腿微屈，脚尖点地。

（1）虚步亮掌［图 3-27(c)］

① 右腿蹬直，左腿提膝，脚尖里扣，上肢姿势不变。

② 左脚向前落步，重心前移。左臂屈肘，左勾手变掌经左肋前伸；右臂外旋向前下落于左掌右侧，两掌同高，掌心均向上。

③ 右脚向前上一步，两臂下垂后摆。

④ 左脚向右脚并步，两臂向外向上经胸前屈肘下按，两掌变拳，拳心向下，停于小腹前。目视左侧。

要点：并步后挺胸、塌腰。对拳、并步、转头要同时完成。

（2）并步对拳（图 3-28）

① 右腿蹬直，左腿提膝，脚尖里扣，上肢姿势不变。

② 左脚向前落步，重心前移。左臂屈肘，左勾手变掌经左肋前伸；右臂外旋向前下落于左掌右侧，两掌同高，掌心均向上。

③ 右脚向前上一步，两臂下垂后摆。

④ 左脚向右脚并步，两臂向外向上经胸前屈肘下按，两掌变拳，拳心向下，停于小腹前。目视左侧。

要点：并步后挺胸、塌腰。对拳、并步、转头要同时完成。

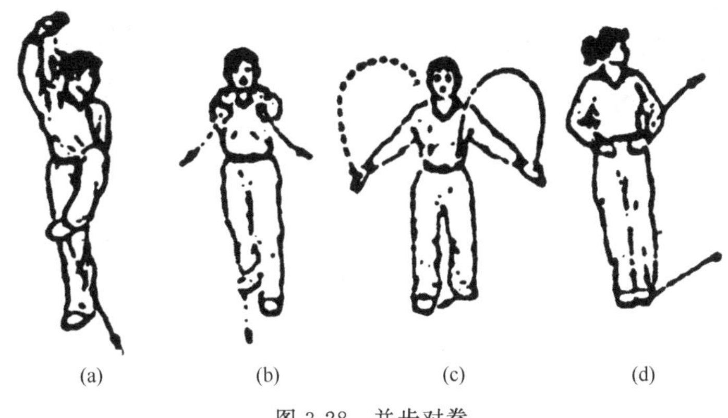

(a)　(b)　(c)　(d)

图 3-28　并步对拳

3. 第一段

（1）弓步冲拳（图 3-29）

① 左脚向左上一步，脚尖向斜前方；右腿微屈，成半马步。左臂向上向左格打，拳眼

向后，拳与肩同高；右拳收至腰侧，拳心向上。目视左拳。

② 右腿蹬直成左弓步。左拳收至腰侧，拳心向上，右拳向前冲出，高与肩平，拳眼向上。目视右拳。

要点：成弓步时，右腿充分蹬直，脚跟不要离地。冲拳时，尽量转腰顺肩。

（2）弹腿冲拳（图 3-30） 重心前移至左腿，右腿屈膝提起，脚面绷直，猛力向前弹出伸直，高与腰平。右拳收至腰侧；左拳向前冲出。目视前方。

要点：支撑腿可微屈，弹出的腿要用爆发力，力点达于脚尖。

（3）马步冲拳（图 3-31） 右脚向前落步，脚尖里扣，上体左转。左拳收至腰侧，两腿下蹲成马步；右拳向前冲出。目视右拳。

要点：成马步时，大腿要平，两脚平行，脚跟外蹬，挺胸、塌腰。

(a)

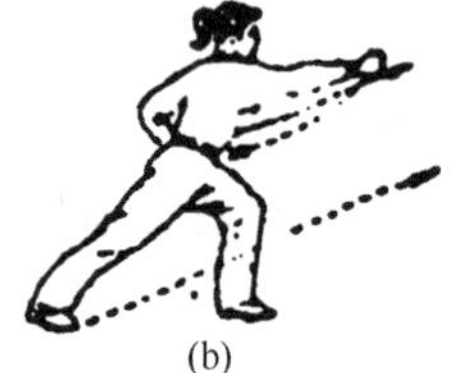

(b)

图 3-29 弓步冲拳

图 3-30 弹腿冲拳

图 3-31 马步冲拳

（4）弓步冲拳（图 3-32）

① 上体右转 90°，右脚尖外撇向斜前方，成半马步。右臂屈肘向右格打，拳眼向后。目视右拳。

② 左腿蹬直成右弓步。右拳收至腰侧；左拳向前冲出。目视左拳。

要点：与本节的弓步冲拳相同，唯左右相反。

（5）弹腿冲拳（图 3-33） 重心前移至右腿，左腿屈膝提起，脚面绷直，猛力向前弹出伸直，高与腰平。左拳收至腰侧，右拳向前冲出。目视前方。

要点：与本节的弹腿冲拳相同。

(a) (b)

图 3-32 弓步冲拳

图 3-33 弹腿冲拳

（6）大跃步前穿（图 3-34）

① 左腿屈膝。右拳变掌内旋，以手背向下挂至左膝外侧，上体前倾。目视右手。

② 左脚向前落步，两腿微屈。右掌继续向后挂，左拳变掌，向后向下伸直。目视右掌。

③ 右腿屈膝向前提起，左腿立即猛力蹬地向前跃出。两掌向前向上划弧摆起。目视左掌。

④ 右腿落地全蹲，左腿随即落地向前铲出成仆步。右掌变拳抱于腰侧，左掌由上向右向下划弧成立掌，停于右胸前。目视左脚。

要点：跃步要远，落地要轻，落地后立即接做下一个动作。

（7）弓步击掌（图 3-35） 右腿猛力蹬直成左弓步。左掌经左脚面向后划弧至身后成

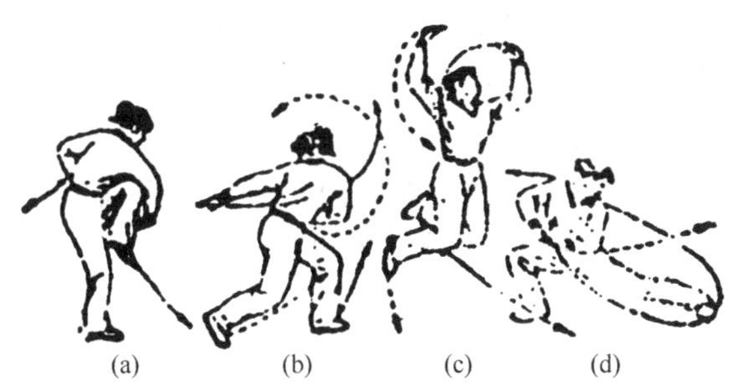
(a) (b) (c) (d)

图 3-34 大跃步前穿

勾手，左臂伸直，勾尖向上，右拳由腰侧变掌向前推出，掌指向上，掌外侧向前，目视右掌。

(8) 马步架掌（图 3-36）

① 重心移至两腿中间，左脚脚尖里扣成马步，上体右转。右臂向左侧平摆，稍屈肘；同时左勾手变掌，由后经左腰侧从右臂内向前上穿出，掌心均朝上。目视左手。

② 右掌立于左胸前；左臂向左上屈肘抖腕亮掌于头部左上方，掌心向前。目视右方。

要点：马步同前。

图 3-35 弓步击掌

(a) (b)

图 3-36 马步架掌

4. 第二段

(1) 虚步栽拳（图 3-37）

① 右脚蹬地，屈膝提起；左腿伸直，以前脚掌为轴向右后转体 180°。右掌由左胸前向下经右腿外侧向后划弧成勾手；左臂随体转动并外旋，使掌心朝右。目视右手。

② 右脚向右落地，重心移至右腿上，下蹲成左虚步。左掌变拳下落于左膝上，拳眼向里，拳心向后；右勾手变拳，屈肘向上架于头右上方，拳心向前。目视左方。

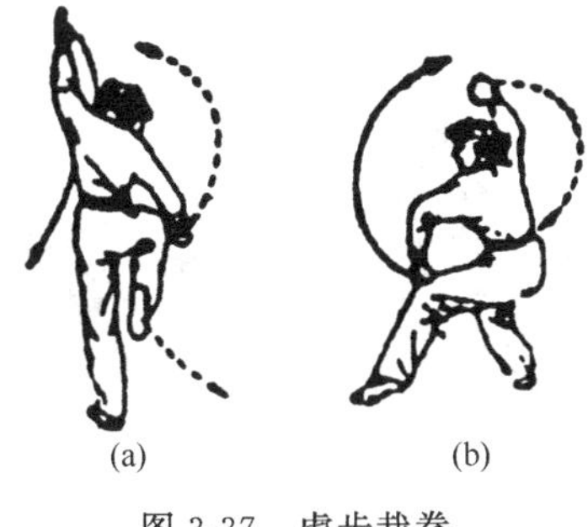
(a) (b)

图 3-37 虚步栽拳

(a) (b)

图 3-38 提膝穿掌

(2) 提膝穿掌（图 3-38）

① 右腿稍伸直。右拳变掌收至腰侧、掌心向上，左拳变掌由下向左向上划弧盖压于头上方，掌心向前。

② 右腿蹬直，左腿屈膝提起，脚尖内扣。右掌从腰侧经左臂内向右前上方穿出，掌心向上，左掌收至右胸前成立掌。目视右掌。

要点：支撑腿与右臂充分伸直。

（3）仆步穿掌（图 3-39）　右腿全蹲，左腿向左后方铲出成左仆步。右臂不动，左掌由右胸前向下经左腿内侧向左脚面穿出。目随左掌转视。

（4）虚步挑掌（图 3-40）

① 右腿蹬直，重心前移至左腿，成左弓步。右掌稍下降，左掌随重心前移向前挑起。

② 右脚向左前方上步，左腿半蹲，成右虚步。身体随上步左转 180°。在右脚上步的同时，左掌由前向上向后划弧成立掌，右掌由后向下向前上挑起成立掌，指尖与眼平。目视右掌。

要点：上步要快，虚步要稳。

（5）马步击掌（图 3-41）

① 右脚落实，脚尖外撇，重心稍升高并右移，左掌变拳收至腰侧；右掌俯掌向外掳手。

② 左脚向前上一步，以右脚为轴向右后转体 180°，两腿下蹲成马步。左掌从右臂上成立掌向左侧击出；右掌变拳收至腰侧。目视左掌。

要点：右手做掳手时，先使臂稍内旋、腕伸直，手掌向下向外转，接着臂外旋，掌心经下向上翻转，同时抓握成拳。收拳和击掌动作要同时进行。

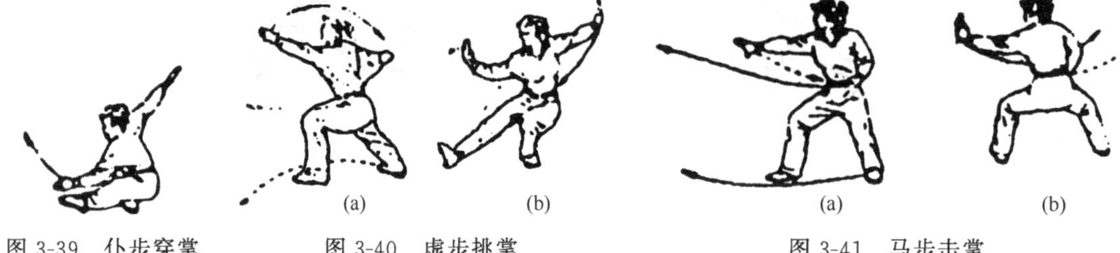

图 3-39　仆步穿掌　　图 3-40　虚步挑掌　(a) (b)　　图 3-41　马步击掌　(a) (b)

（6）叉步双摆掌（图 3-42）

① 重心稍右移，同时两掌向下向右摆，立掌。目视右掌。

② 右脚向左腿后插步，前脚掌着地。两臂继续由右向上向左摆，停于身体左侧，均成立掌，右掌停于左肘窝处。目随双掌转视。

要点：两臂要划立圆，幅度要大，摆掌与后插步配合一致。

图 3-42　叉步双摆掌　(a) (b)　　图 3-43　弓步击掌　(a) (b)

（7）弓步击掌（图 3-43）

① 两腿不动。左掌收至腰侧，掌心向上；右掌向上向右划弧，掌心向下。

② 左腿后撤一步，成右弓步。右掌向下向后伸直摆动，成勾手，勾尖向上；左掌成立

掌向前推出。目视左掌。

（8）转身踢腿马步盘肘（图 3-44）

① 两脚以前脚掌为轴向左后转体 180°。在转体的同时，左臂向上向前划半立圆，右臂向下向后划半圆。

② 上动不停，两脚不动，右臂由后向上向前划半立圆，左臂由前向下向后划半立圆。

③ 上动不停，右臂向下成反臂勾手，勾尖向上；左臂向上成亮掌，掌心向前上方。右腿伸直，脚尖勾起，向额前踢。

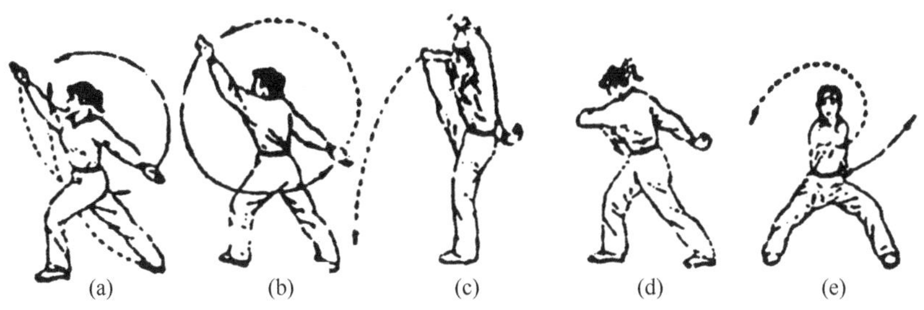

图 3-44　转身踢腿马步盘肘

④ 右脚向前落地，脚尖里扣。右手不动，左臂屈肘下落至胸前，左掌心向下。目视左掌。

⑤ 上体左转 90°，两腿下蹲成马步。同时左掌向前向左平掳变拳收至腰侧，右勾手变拳，右臂伸直，由体后向右向前平摆，至体前时屈肘，肘尖向前，高与肩平，拳心向下。目视肘尖。

要点：两臂抡动时要划立圆，动作连贯。盘肘时要快速有力，右肩前顺。

5. 第三段

（1）歇步抡砸拳（图 3-45）

① 重心稍升高，右脚尖外撇。右臂由胸前向上向右抡直；左拳向下向左，使臂抡直。目视右拳。

② 上动不停，两脚以前脚掌为轴，向右后转体 180°。右臂向下向后抡摆，左臂向上向前随身体转动。

③ 紧接上动，两腿全蹲成歇步。左臂随身体下蹲向下平砸，拳心向上，臂部微屈；右臂伸直向上举起。目视左拳。

要点：抡臂动作要连贯完成，划成立圆。歇步要两腿交叉全蹲，左腿大、小腿靠紧，臂部贴于左小腿外侧，膝关节在右小腿外侧，脚跟提起，右脚尖外撇，全脚着地。

（2）仆步亮掌（图 3-46）

① 左脚由右腿后抽出前上一步，左腿蹬直，右腿半蹲，成右弓步。上体微向右转。左拳收至腰侧，右拳变掌向下经胸前向右横击掌。目视右掌。

② 右脚蹬地屈膝提起，上体右转。左拳变掌从右掌上向前穿出，掌心向上，右掌平收至左肘下。

③ 右脚向右落步，屈膝全蹲，左腿伸直，成仆步。左掌向下向后划弧成勾手，勾尖向上，右掌向右向上划弧微屈，抖腕成亮掌，掌心向前。头随右手转动，至亮掌时，目视左方。

要点：仆步时，左腿充分伸直，脚尖里扣，右腿全蹲，两脚脚掌全部着地。上体挺胸塌腰，稍左转。

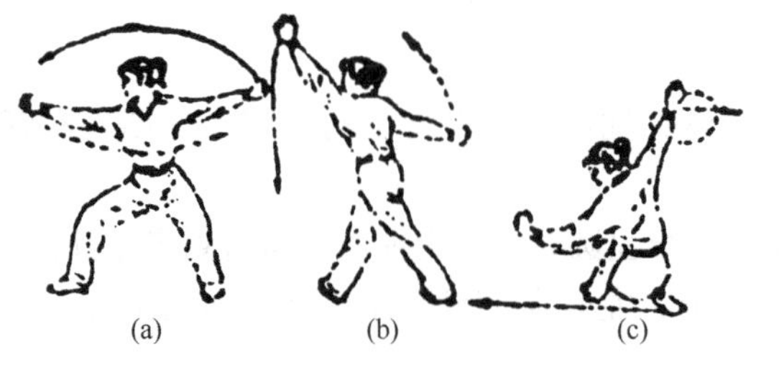

图 3-45　歇步抡砸拳

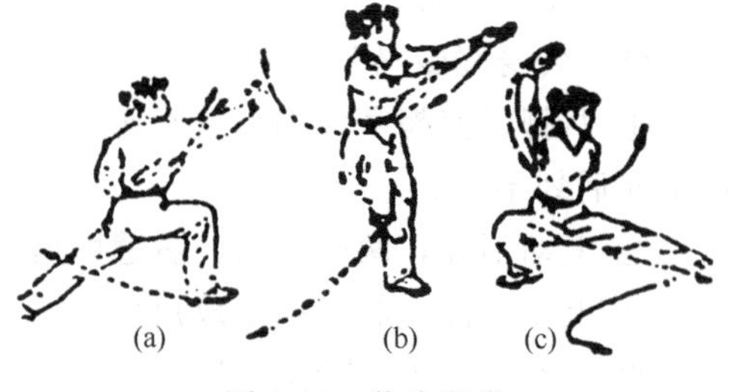

图 3-46　仆步亮掌

(3) 弓步劈拳（图 3-47）

① 右腿蹬地立起；左腿收回并向左前方上步。右掌变拳收至腰侧，左勾手变掌由下向前上经胸前向左做掳手。

② 右腿经左腿前方向左绕上一步，左腿蹬直成右弓步。左手向左平掳后再向前挥摆，虎口朝前。

③ 在左手平掳的同时，右拳向后平摆，然后再向前向上做抡劈拳，拳高与耳平，拳心向上，左掌外旋接扶右前臂。目视右拳。

要点：左右脚上步稍带弧形。

图 3-47　弓步劈拳

图 3-48　换跳步弓步冲拳

(4) 换跳步弓步冲拳（图 3-48）

① 重心后移，右脚稍向后移动。右拳变掌，臂内旋以掌背向下划弧挂至右膝内侧；左掌背贴靠右肘外侧，掌指向前。目视右掌。

② 右腿自然上抬，上体稍向左扭转。右掌挂至体左侧，左掌伸向右腋下。目随右掌转视。

③ 右脚以全脚掌用力向下跺脚，与此同时，左脚急速离地抬起。右手由左向上向前掳盖而后变拳收至腰侧，左掌伸直向下、向上、向前屈肘下按，掌心向下。上体右转，目视左掌。

④ 左脚向前落步，右腿蹬直成左弓步。右拳向前冲出，拳高与肩平；左掌藏于右腋下，掌背贴靠腋窝。目视右拳。

要点：换跳步动作要连贯、协调。震脚时腿要弯曲，全脚掌着地，左脚离地不要高。

(5) 马步冲拳（图 3-49）

上体右转 90°，重心移至两腿中间，成马步。右拳收至腰侧，左掌变拳向左冲出，拳眼向上。目视左拳。

(6) 弓步下冲拳（图 3-50）

右脚蹬直，左腿弯曲，上体稍向左转，成左弓步。左拳变掌向下经体前向上架于头左上方，掌心向上，右拳自腰侧向左前斜下方冲出。目视右拳。

(7) 叉步亮掌侧踹腿（图 3-51）

① 上体稍右转。左掌由头上下落于右手腕上，右拳变掌，两手交叉成十字。目视双手。

② 右脚蹬地并向左腿后插步，以前脚掌着地。左掌由体前向下向后划弧成勾手，勾尖向上，右掌由前向右向上划弧抖腕亮掌，掌心向前。目视左侧。

③ 重心移至右腿，左腿屈膝提起，向左上方猛力蹬出。上肢姿势不变，目视左侧。

要点：插步时上体稍向右倾斜，腿、臂的动作要一致。侧踹高度不能低于腰，大腿内旋，着力点在脚跟。

图 3-49　马步冲拳

图 3-50　弓步下冲拳

图 3-51　叉步亮掌侧踹腿

(8) 虚步挑拳（图 3-52）

① 左脚在左侧落地。右掌变拳稍后移，左勾手变拳由体后向左上挑，拳背向上。

② 上体左转 180°，微含胸前俯。左拳继续向前向上划弧上挑，右拳向下向前划弧挂至右膝外侧，同时右膝提起。目视右拳。

③ 右脚向左前方上步，脚尖点地，重心落于左脚，左腿下蹲成右虚步。左拳向后划弧收至腰侧，拳心向上，右拳向前屈臂挑出，拳眼斜向上，拳与肩同高。目视右拳。

图 3-52　虚步挑拳

6. 第四段

(1) 弓步顶肘（图 3-53）

① 重心升高，右脚踏实。右臂内旋向下直臂划弧以拳背下挂至右膝内侧，左拳不变。目视前下方。

图 3-53　弓步顶肘

② 左腿蹬直，右腿屈膝上抬。左拳变掌，右拳不变，两臂向前向上划弧摆起。目随右

拳转视。

③ 左脚蹬地起跳，身体腾空，两臂继续划弧至头上方。

④ 右脚先落地，右腿屈膝，左脚向前落步，以前脚掌着地。同时，两臂向右、向下屈肘停于右胸前，右拳变掌，左掌变拳。右掌心贴靠左拳面。

⑤ 左脚向左上一步，左腿屈膝，右腿蹬直成左弓步。右掌推左拳，以左肘尖向左顶出，高与肩平。目视前方。

要点：交换步时不要过高，但要快。两臂抡摆时要成圆弧。

(2) 转身左拍脚（图 3-54）

① 以两脚前脚掌为轴向右后转体 180°。随着转体，右臂向上向右向下划弧抡摆，同时左拳变掌向下向后向前上抡摆。

② 左腿伸直向前上踢起，脚面绷平。左掌变拳收至腰侧，右掌由体后向上向前拍击左脚面。

要点：右掌拍脚时手掌稍横过来，拍脚要准而响亮。

(3) 右拍脚（图 3-55）

① 左脚向前落地，左拳变掌向下向后摆，右掌变拳收至腰侧。

② 右腿伸直向前上踢起，脚面绷平。左拳变掌由后向上向前拍击右脚面。

要点：与本节的转身左拍脚相同。

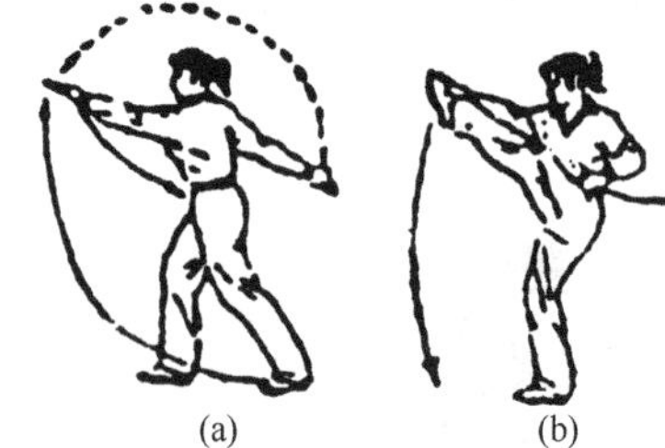
(a)　(b)

图 3-54　转身左拍脚

(a)　(b)

图 3-55　右拍脚

(4) 腾空飞脚（图 3-56）

① 右脚落地。

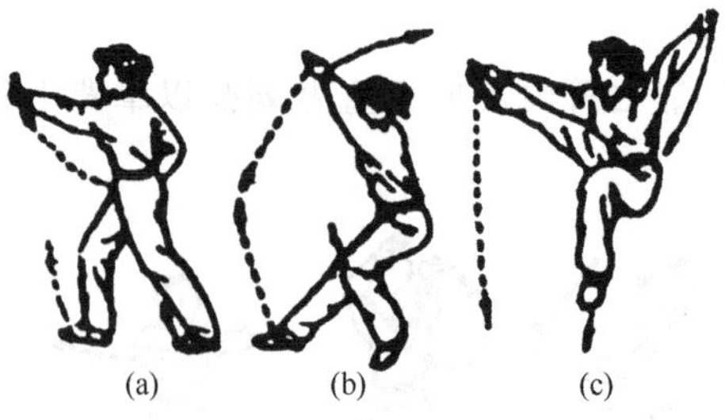
(a)　(b)　(c)

图 3-56　腾空飞脚

② 左脚向前摆起，右脚猛力蹬地跳起，左腿屈膝继续前上摆。同时右拳变掌向前向上摆起，左掌先上摆而后下降拍击右掌背。

③ 右腿继续上摆，脚面绷平。右手拍击右脚面，左掌由体前向后上举。

要点：蹬地要向上，不要太向前冲，左膝尽量上提。击响要在腾空时完成，右臂伸直成水平。

（5）歇步下冲拳（图 3-57）

① 左、右脚先后相继落地。左掌变拳收至腰侧。

② 身体右转 90°，两腿全蹲成歇步。右掌抓握、外旋变拳收至腰侧；左拳由腰侧向前下方冲出，拳心向下。目视左拳。

（6）仆步抡劈拳（图 3-58）

① 重心升高，右臂由腰侧向体后伸直，左臂随身体重心升高向上摆起。

② 以右脚前脚掌为轴，左腿屈膝提起，上体左转 270°。左拳由前向后下划立圆一周；右拳由后向下向前上划立圆一周。

③ 左腿向后落一步，屈膝全蹲，右腿伸直，脚尖里扣成右仆步。右拳由上向下抡劈，拳眼向上；左拳后上举，拳眼向上。目视右拳。

要点：抡臂时一定要划立圆。

(a)　(b)

图 3-57　歇步下冲拳

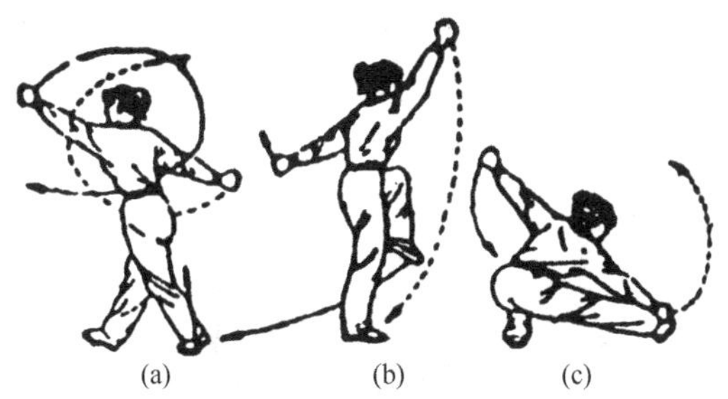

(a)　(b)　(c)

图 3-58　仆步抡劈拳

（7）提膝挑掌（图 3-59）

① 重心前移成右弓步。同时右拳变掌由下向上抡摆，左拳变掌稍下落，右掌心向左，左掌心向右。

② 左、右臂在垂直面上由前向后各划立圆一周。右臂伸直停于头上，掌心向左，掌指向上，左臂伸直停于身后成反勾手。同时右腿屈膝提起，左腿挺膝伸直独立。目视前方。

要点：抡臂时要划立圆。

(a)　(b)

图 3-59　提膝挑掌

(a)　(b)　(c)

图 3-60　提膝劈掌和弓步冲拳

（8）提膝劈掌［图 3-60（a）］、弓步冲拳［图 3-60（b）、（c）］

① 下肢不动。右掌由上向下猛劈伸直，停于右小腿内侧，用力点在小指一侧；左勾手变掌，屈臂向前停于右上臂内侧，掌心向左。目视右掌。

② 右脚向右后落地；身体右转 90°。同时左掌变拳收至腰侧，右臂内旋向右划弧做劈掌。

③ 上动不停，左腿蹬直成右弓步。右手抓握变拳收至腰侧，左拳由腰侧向左前方冲出。

目视左拳。

7. 结束动作

(1) 虚步亮掌(图 3-61)

① 右脚扣于左膝后,两拳变掌,两臂右上左下屈肘交叉于体左前。目视右掌。

② 右脚向右后落步,重心后移,右腿半蹲,上体稍右转。同时右掌向上、向右、向下划弧停于左腋下;左掌向左、向上划弧停于右上臂与左胸前,两掌心左下右上。目视左掌。

③ 左脚尖稍向右移,右腿下蹲成左虚步。左臂伸直向左、向后划弧成反勾手;右臂伸直向下、向右、向上划弧抖腕亮掌,掌心向前。目视左方。

(2) 并步对拳、还原(图 3-62)

① 左腿后撤一步,同时两掌从两腰侧向前穿出伸直,掌心向上。

② 右腿后撤一步,同时两臂分别向体后下摆。

③ 左脚后退半步向右脚并拢。两臂由后向上经体前屈臂下按,两掌变拳,停于腹前,拳心向下,拳面相对。目视左方。

④ 还原两臂自然下垂,目视正前方。

图 3-61 虚步亮掌

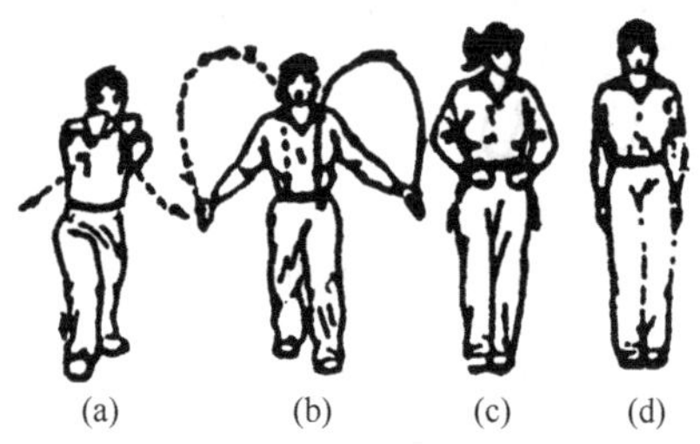

图 3-62 并步对拳、还原

第四节 初级剑术

一、初级剑术简介

为了普及推广武术运动,满足武术初学者学练武术的需要,原国家体委组织有关武术专家,按照简练明确、易学易练、保持武术传统风格特点的原则,编写了初级刀术、初级剑术、初级棍术、初级枪术等套路。初级剑术是武术短器械套路,其内容丰富,结构合理,动作简单易学易练,适合初学者练习。全套动作共分四段,三十二个动作。

1. 运动特点

剑法包括刺、劈、点、撩、挑、崩、截、斩、抹、削、云、挂、架、压等。步型步法有弓步、虚步、丁步、歇步、仆步、插步、坐盘、跃步、跟步、跳步、转闪及提膝,平衡并配合剑指身法。既能单练也能对练,动作朴实,攻防含义明确。

2. 练习要求

剑术是以长拳的技术为基本规范的,又有其独特的运动特点和技法,在演练剑术时,要掌握下列技术和方法。

(1) 剑法规整 剑术,是运用各种剑法,按照一定的规律组成套路形式的运动。剑法是构成功力与表现技巧的核心。不同流派的剑术套路,剑法的内容和运用,都各有所侧重。每一种剑法都有严谨的规格,必须符合攻防的法则。剑法规格是剑术技法的基本功,是提高剑

术造诣的根本，它不仅是要求出手、路线、部位要准确，而且要求在霎时突变间准确无误，运用自如。

(2) 刚柔相兼　刚与柔是武术的劲力法则，劲力的运用往往是形成剑术流派和风格的一种因素。剑术的劲力法则应该是有刚有柔，刚柔兼备，相互运用。

有柔有刚主要是指在剑术中刚柔动作的交替变化，由此表现出锐利的攻势和洒脱的风采。刚柔兼备是指在一个剑术动作中或刚中含柔，或柔中寓刚。如穿、抹、撩、带等剑法，运行路线较长，尤能体现刚柔相兼的风格；在轻快的行步、潇洒的腾跃、闪展的避让等运动过程中，剑术劲力的运使或柔中含刚，或以柔带刚，或刚中见柔；在敏捷的出击、纵横的劈刺中还要柔而化刚，力透剑器的某一部位。

(3) 把腕灵活　在剑术运动中，剑法的变化只有通过把法的变换才能实现，如螺把、钳把、刁把、满把等握剑法的运用随剑法不同而灵活变化，否则剑法就不能正确地表达。所以要求执剑手的指、掌虚实多变，手腕灵活转展，恰到分寸地把握剑器。不少腕花、剪腕花等动作，更需要指、掌的灵巧，手腕的活络。剑法的轻快、准确，很多变化又与手腕的劲力运使技巧有关，如一点一崩、一缠一截，劲力技巧在于用腕；又如挂剑时须扣腕、回身劈剑须旋腕等，都依靠手腕的灵活性，剑腕协调，达到合理地调节剑法和劲力的变化。

(4) 气韵生动　气韵指的是剑术运动中的节奏、气度。剑术运动应气度宏大，洒脱自如。其动静、疾缓应富有鲜明生动的节奏变化，起承转合尤应注意韵律。剑法的刚柔、张弛、伸缩、起落，以及移步换形、招式迭逞等是构成剑术节奏的基本因素。每一剑法在演练过程中，由于受攻防战术法则的制约和引动，其身法和节奏变化，千姿百态。提高剑术技能，掌握剑术技法中的节奏，理解自然与剑法规格的内在含义，以求达到内外贯通、神形兼备、气韵生动的境界。

二、动作名称

	第一段	第二段	第三段	第四段	
	①弓步直刺	①虚步平劈	①并步直刺	①弓步平劈	
	②回身后劈	②弓步下劈	②弓步上挑	②回身后撩	
	③弓步平抹	③带剑前点	③歇步下劈	③歇步上崩	
预备势　起势	④弓步左撩	④提膝下截	④右截腕	④弓步斜削	收势
	⑤提膝平斩	⑤提膝直刺	⑤左截腕	⑤进步左撩	
	⑥回身下刺	⑥回身平崩	⑥跃步上挑	⑥进步右撩	
	⑦挂剑直刺	⑦歇步下劈	⑦仆步下压	⑦坐盘反撩	
	⑧虚步架剑	⑧提膝下点	⑧提膝直刺	⑧转身云剑	

三、动作说明与图示

1. 预备势

身体正直，并步站立；左手持剑，手背朝前，右手握成剑指，手背朝上，两臂在体侧下垂，两肘微上提；眼向左平视（图 3-63）。

学练要点：上身微挺胸，收腹，两膝挺直，持剑时前臂与剑身要紧贴并垂直于地面。

2. 起势

图 3-63 预备势

(1) 压把穿指

① 上身半面向右转，右脚向右上一步，成右弓步；同时，手剑指从身体右侧经胸前屈肘上举，至左肩后向前方平伸指出，拇指一侧在上；眼视剑指（图 3-64）。

② 上身右转，左手持剑由左侧直臂上举，经头部前上方向右侧划弧，至身前时，拇指一侧朝下作反臂平举；同时，右手剑指屈肘收于右腰侧，手心朝上（图 3-65）。

③ 左脚向右脚并步；左手持剑随之下落，垂于身体左侧；同时，右手剑指向右侧平伸指出，拇指一侧在上；眼视剑指（图 3-66）。

学练要点：动作连贯协调，眼随手动。两臂抡动划弧呈立圆。

图 3-64 压把穿指一

图 3-65 压把穿指二

图 3-66 压把穿指三

(2) 转身平指

① 上身左转，左脚向左上一步，成左弓步；在左脚上步的同时，左手持剑屈肘经胸前向上、向前弧形绕环，平举于身体左侧（图 3-67）。

② 左腿伸直站立，右脚向前并步；左手持剑随之从身前下落，垂于身体左侧；同时，右手剑指屈肘沿右耳侧向前平伸指出拇指一侧在上；眼视剑指（图 3-68）。

学练要点：身体重心前移时，右脚并步要轻灵。右手剑指向前指出时，肘要伸直，剑指尖稍高过肩。

图 3-67 转身平指一

图 3-68 转身平指二

(3) 弓步分指

① 左手持剑由右手剑指上面向前平伸穿出，拇指一侧在下，右手剑指顺左臂下面屈肘收于左肩前，并且屈腕使手指朝上；上身右转，右脚向右侧跨步，成右弓步；眼向左平视（图 3-69）。

② 上身右转，右手剑指经身前向右侧平伸指出，拇指在上；眼视剑指（图 3-70）。

学练要点：成右弓步时，左腿要挺直，两脚的全脚掌均着地。上身略向前倾，挺胸，塌腰。左手持剑伸平，左肩放松，两臂朝反方向伸展。

(4) 虚步接剑 右脚的前脚掌里扣，上身左转，重心落于右腿，左腿随之移回半步，成

左虚步；同时，左手持剑向胸前屈肘，手心朝外，右手剑指也向胸前屈肘，手心朝里，准备接握左手之剑；眼视剑尖（图 3-71）。

学练要点：要虚实分明，右脚跟不能掀起。两肘要平，剑尖朝前，剑身贴紧左小臂。

图 3-69　弓步分指一

图 3-70　弓步分指二

图 3-71　虚步接剑

3. 第一段

（1）弓步直刺　右手接握左手之剑；左脚向前上半步，成左弓步；同时，右手持剑向身前平伸直刺，拇指一侧在上，左手成剑指随之伸向身后平举，拇指一侧在上；眼视剑尖（图 3-72）。

学练要点：弓步时，右脚跟不离开地面。腰要向左拧转、下塌，臀部不凸起。两肩松沉，右肩前顺，左肩后引。剑尖稍高于肩。

（2）回身后劈　左脚不动，膝部伸直，右脚向前上一步，膝略屈，上身右转；同时，左手持剑经上向后劈剑，高与肩平，拇指一侧在上，左手剑指随之由下向前上弧形绕环，在头顶上方屈肘侧举，拇指一侧在下；眼视剑尖（图 3-73）。

图 3-72　弓步直刺

图 3-73　回身后劈

图 3-74　弓步平抹

学练要点：上步、转身、平劈和剑指向上侧举，必须协调一致。转身后，腰向右拧转，左脚不移动。剑身和持剑臂必须成直线。

（3）弓步平抹　左脚向左前方上一步，成左弓步；同时，左手剑指由胸前下落，经左下向上弧形绕环，在头顶上方屈肘侧举，拇指一侧在下，右手持剑（手心转向上）随之向前平抹，剑尖稍向右斜；眼视前方（图 3-74）。

学练要点：抹剑时，右手心向上，剑与臂成一条直线，用力柔和。左肩向后带。

（4）弓步左撩

① 上身左转，右腿屈膝在身前提起；同时，右手持剑臂外旋使剑由前向上、向后划弧，至后方时，屈肘使手腕、前臂贴靠腹部，手心朝里，左手剑指随之由头顶上方下落，附于右手腕部（手心朝下）；眼视剑身（图 3-75）。

② 右腿继续向右前方落步，成右弓步；同时，右手持剑由后向下、向前反手撩起，小指一侧在上，左手剑指随右手运动，仍附于右手腕处；眼视剑尖（图 3-76）。

学练要点：整个动作连贯协调一致，弓步时，上身略向前倾，直背，收臀，剑尖稍低于

剑指。

图 3-75 弓步左撩一

图 3-76 弓步左撩二

（5）提膝平斩 左脚向前上一步，右手手腕向左上翻转，屈肘，使剑向左平绕至头部前上方，右腿随之屈膝提起；右手继续转手腕，使剑向右平绕至右方后（手心朝上），再用力向前平斩，左手剑指由下向左、向上弧形绕环，屈肘横举于头部左上方；眼视前方（图 3-77）。

学练要点：剑从左向后平绕时，要挺仰头，使剑从脸部上方平绕而过。提膝时，左腿伸直，上身稍向前倾。

（6）回身下刺 右脚向前落步，上身右转；同时，右手持剑手腕反屈，向后下方直刺，剑尖低于膝，拇指一侧在上，左手剑指向前上方伸直，拇指一侧在上；眼视剑尖（图 3-78）。

学练要点：向前落步，身体尽量向右后拧转，剑与右臂成一条直线。

图 3-77 提膝平斩

图 3-78 回身下刺

（7）挂剑直刺

① 左脚向前上一步，左腿伸直站立，右腿随之在身前屈膝提起；右手持剑使剑尖向左、向上抄挂，左手剑指屈肘附于右手腕处（图 3-79）。

② 接着，以左腿前脚掌碾地，上身右转；右手持剑使剑向下插，左手剑指仍附于右手腕处；眼视剑尖（图 3-80）。

图 3-79 挂剑直刺一

图 3-80 挂剑直刺二

图 3-81 挂剑直刺三

③ 上动不停，右脚向身后跨一大步，上身从右向后转，成右弓步；同时，右手持剑向前直刺，剑尖与肩同高，拇指一侧在上，左手剑指随之向后平伸，拇指一侧在上；眼视剑尖

（图 3-81）。

学练要点：挂剑、下插、直刺动作必须连贯，并与下肢动作协调一致，转身要快，刺剑力达剑尖。

（8）虚步架剑

① 右脚尖外撇，上身从右向后转，左脚向前收拢半步，两膝均略屈成交叉步；同时，右手持剑反手向后上方屈肘上架，左手剑指屈肘经左肩前附于右手腕处；眼向左平视（图 3-82）。

② 右腿屈膝不动，左脚向前进一步，成左虚步；在右手持剑略向后牵引的同时，左手剑指向前平伸指出，手心朝下；眼视剑指（图 3-83）。

学练要点：虚步必须虚实分明，剑身成立剑。

图 3-82　虚步架剑一

图 3-83　虚步架剑二

4. 第二段

（1）虚步平劈　上身向右转，成右虚步；在转向的同时，右手持剑向下平劈，拇指一侧在上，右手剑指随即向上屈肘，手心向右上方；眼视剑尖（图 3-84）。

学练要点：身体重心移动时，左脚尖迅速内扣，左右虚实变化要分明。劈剑时，劈剑成一直线，力达剑刃。

（2）弓步下劈　左脚随即向左前方上步，成左弓步；同时，右手持剑屈腕向左平绕，划一小圈后向前下方劈剑，剑尖高与膝平，左手剑指随之由右腋下向左、向上绕环，在头顶上方屈肘侧举，上身略前倾；眼视剑尖（图 3-85）。

学练要点：右手绕转幅度不要过大，劈剑时，右肩前顺，左肩后引。

图 3-84　虚步平劈

图 3-85　弓步下劈

（3）带剑前点

① 右脚向左脚靠拢，以前脚掌虚着地面，两腿均屈膝略蹲；右手持剑向上屈腕，使剑向右耳际带回，肘微屈，左手剑指随之由前下落，附于右手腕处；眼向右前方平视（图 3-86）。

② 右脚向右前方跃一步，左脚随之跟进，向右脚并步屈膝，以脚尖点地，成丁步；同时，右手持剑向前点击，拇指一侧在上，左手剑指随即屈肘向头顶上方侧举，手心朝上；眼视剑尖（图 3-87）。

学练要点：带剑时，右手腕上挑，上体略后倾。点剑时力达剑尖，手腕略高于肩。

图 3-86 带剑前点一

图 3-87 带剑前点二

（4）提膝下截

① 右腿伸直，左腿退步后屈膝，上身后仰；右臂外旋手心朝上，使剑向右、向后上方弧形绕环，左手剑指不动（图 3-88）。

② 上动不停，右臂内旋使手心朝下，继续使剑向左、向前下方划弧下截；同时，上身向前探倾，左腿屈膝提起；眼视剑尖（图 3-89）。

学练要点：剑从右向左划弧下截要连贯，独立要稳，右臂与剑成一直线，剑身斜平。

图 3-88 提膝下截一

图 3-89 提膝下截二

（5）提膝直刺

① 左脚向前落步，脚尖外撇；右臂屈肘，将剑柄收抱于胸前，手心朝里，剑尖高与肩平，左手剑指随之下落，屈肘按于剑柄上；眼视剑尖（图 3-90）。

② 右腿向身前屈膝提起，左腿伸直站立；右手持剑向前平直刺出，拇指一侧在上，同时右手剑指向后平伸指出，手心朝下；眼视剑尖（图 3-91）。

学练要点：抱剑与落步、直刺与提膝动作必须协调一致。直刺时右肩前顺，力达剑尖。

图 3-90 提膝直刺一

图 3-91 提膝直刺二

（6）回身平崩

① 右脚向前落步，成交叉步；右手持剑，屈肘向胸前收回，剑身与右前臂成水平直线，左手剑指，经左耳侧屈肘前落，附于右手心上面；眼视剑尖（图 3-92）。

② 上身稍向右转，左腿挺膝伸直，右腿略屈膝；同时，右手持剑，使剑的前端用力向右平崩，手心仍朝上，左手剑指屈肘向额部左上方侧举；眼视剑尖（图 3-93）。

学练要点：身体向右拧转要快速有力。收剑、崩剑要连贯，崩剑时，力达剑前半段。

（7）歇步下劈　右脚蹬地起跳，左脚向左跃步横跨一步，落地后，成歇步；在跃步的同时，右手持剑向上举起，并在形成歇步时向左下劈，左手剑指随着下劈动作，下按于右手腕上面；眼视剑身（图 3-94）。

学练要点：成歇步时，右脚跟离地，臀部坐在右小腿上。劈剑时，剑身与地面平行。劈剑与跃步成歇步动作须同时完成。

图 3-92　回身平崩一

图 3-93　回身平崩二

图 3-94　歇步下劈

（8）提膝下点

① 两脚前脚掌碾地，上身经右、向后转动，两腿边转边站立起来；右手持剑平绕一周。当剑绕至上身左侧时，上身稍向左后仰，左手剑指离开右手腕向上屈肘侧举；眼视前下方（图 3-95）。

② 上动不停，右腿伸直站立，左腿屈膝提起，上身向右侧下探俯；同时右手持剑向前下点击，拇指一侧在上；眼视剑尖（图 3-96）。

图 3-95　提膝下点一

图 3-96　提膝下点二

学练要点：整个动作要连贯。右腿独立时，膝部要挺直，左膝尽量上提。点剑时，右手腕要向下弯，力达剑尖。

5. 第三段

（1）并步直刺

① 上身向左后转，右脚掌碾地；同时，右臂内旋屈腕，使剑尖指向转身后的身前，左手向正前方指出，手心朝下；眼视剑指（图 3-97）。

② 左脚向前落步，右脚随之跟进并步，两腿均屈膝半蹲；同时，右手持剑向前平伸直刺，左手剑指顺势附于右手腕处；眼视剑尖（图 3-98）。

学练要点：身体左后转要快。并步下蹲时，大腿要平。前刺时，剑与臂成一直线，力达剑尖。

（2）弓步上挑　右脚上步，成右弓步；右手持剑直臂向上挑举，剑尖向上，手心朝左，左手剑指仍向前平伸指出，手心朝下，上身稍微前倾；眼视剑指（图 3-99）。

学练要点：两臂均应伸直，上举剑刃朝前后。

图 3-97 并步直刺一

图 3-98 并步直刺二

（3）歇步下劈 左脚向前上步，屈膝全蹲，成歇步；同时，右手持剑向前下劈，拇指一侧在上，剑尖与踝关节同高，左手剑指屈肘附于右手腕里侧，上身稍前俯；眼视剑身（图 3-100）。

学练要点：歇步时，两大腿交叉叠紧，歇步与劈剑同时完成。

图 3-99 弓步上挑

图 3-100 歇步下劈

（4）右截腕 两脚以前脚掌碾地，使上身右转，左脚前脚掌虚着地面，成左虚步；右臂内旋，右手持剑使剑的前端下刃向前上方划弧翻转，再向右后上方托起，左手剑指仍附于右手腕，两肘均微屈；眼视剑的前端（图 3-101）。

学练要点：剑刃向右上方翻转力点要明确。划弧避免过大，剑尖稍高于剑柄。

（5）左截腕 左脚向前上半步，上身左转，右脚随之向前上一步，两腿均屈膝，成右虚步；同时右臂外旋，使剑身的前端向左前上方划弧翻转，手心朝上，剑身与地面平行，左手剑指随之离开右手腕，屈肘向上侧举；眼视剑的前端（图 3-102）。

学练要点：同右截腕。

图 3-101 右截腕

图 3-102 左截腕

（6）跃步上挑

① 左脚经身前上一步，右脚随之在身后离地，小腿后屈；同时，右臂屈肘使剑由右向上、

向左划弧，右手靠近左胯旁，手心朝里，左手剑指下落附于右腕上；眼视剑尖（图 3-103）。

② 左脚蹬地，右脚向右侧跃步，落地后屈膝略蹲，左脚随之离地屈膝从身后伸向右侧方，形成望月式平衡，上身向左侧倾俯；在右脚跃步的同时，右手持剑由左胯旁向下、向右划弧，当剑到达右侧方时，臂外旋并向拇指一侧屈腕，使剑向上挑击，左手剑指即向左上方屈肘横举，拇指一侧在上；眼视右侧方（图 3-104）。

学练要点：跃步要腾空，落地要稳健。跃步与上挑剑协调一致，挑剑时腕部猛力上屈，剑身斜举于右侧上方。

图 3-103　跃步上挑一

图 3-104　跃步上挑二

（7）仆步下压

① 右手持剑使剑尖从头上经过，经身后、向右弧形平绕，当绕至右侧时，屈肘将剑柄收抱于胸前下方，手心朝上；同时，右膝伸直，左腿屈膝提于身前，左手剑指不变（图 3-105）。

② 左脚向左侧落步，成右仆步；同时，右手持剑用剑身平面向下带压，剑尖斜向右上方，左手剑指经身前下落按在右手腕上，上身前探；眼向右平视（图 3-106）。

学练要点：仆步和压剑同时完成。上身微前探时要挺胸，两肘略屈环抱剑于身前。

（8）提膝直刺　左脚蹬地，屈膝提于身前，右腿挺直站立；同时，右手持剑向身前平伸直刺，拇指一侧在上，左手剑指屈肘在左侧上举，拇指一侧在下；眼视剑尖（图 3-107）。

学练要点：左脚蹬地要有力，右腿独立须挺膝站稳，左膝尽量上提，脚背绷直，脚尖下垂。刺剑要有力，剑与臂成一直线，力达剑尖。

图 3-105　仆步下压一

图 3-106　仆步下压二

图 3-107　提膝直刺

6. 第四段

（1）弓步平劈　上身左后转，左脚向左后侧落一大步，成左弓步；同时，右手持剑向身前平劈，剑尖略高于肩，左手剑指向右逆时针划弧一周，架于头左上方；眼视剑尖（图 3-108）。

学练要点：转身时右脚辗转要有力，上体主动带动全身。左脚落地方向偏左前方。向前

劈剑和剑指绕环，必须同时协调完成。

（2）回身后撩　右脚向前上一步，膝微屈，左脚随之离地，小腿向上弯曲；上身前俯，腰向右拧转；右手持剑向后反撩，剑尖斜向下方，拇指一侧在下，左手剑指前伸成侧上举，拇指一侧在下；眼视剑尖（图 3-109）。

学练要点：站立要稳。后撩剑时，力达下剑刃。

图 3-108　弓步平劈

图 3-109　回身后撩

（3）歇步上崩　右脚蹬地，左脚向前跃步，上身随之向右后转，左脚落地，右脚在身后落步，两腿均屈膝全蹲，成歇步；同时，右手持剑直臂下压，手腕向拇指一侧上屈，使剑尖上崩，左手剑指随之屈肘在头左上方侧举，拇指一侧在下；眼视剑身（图 3-110、图 3-111）。

学练要点：跃步、歇步、崩剑三个动作要连贯协调。跃步要远，落地要轻。崩剑时，手腕快速上屈，力达剑身前半段，剑尖高于肩平。

图 3-110　歇步上崩一

图 3-111　歇步上崩二

（4）弓步斜削

① 上身右转，右脚随之向前上步，成右弓步；右手持剑臂外旋使手心朝上，左手剑指随之从身前下落，按在剑柄上，上身向右前倾；眼视前方（图 3-112）。

图 3-112　弓步斜削一

图 3-113　弓步斜削二

② 右手持剑由后向前方斜面弧形上削，手心斜向上；同时，左手剑指伸向后方，拇指一侧在上；眼视剑尖（图 3-113）。

学练要点：削剑时，力达上剑刃，右手稍低于肩，剑尖略高于头，剑指略高于肩。

（5）进步左撩

① 上身向左转，成左弓步；右手持剑使手心朝里经脸前边转身边向左划弧，剑至体前时，左手剑指附于右手腕里侧；眼视剑尖（图 3-114）。

② 上身向右后转，左脚随之向前上步，以前脚掌着地面；同时右手持剑反手向下、向前向上划弧撩起，剑至前上方时，肘部略屈，剑尖高与肩平，左手剑指仍附于右手腕上；眼视剑尖（图 3-115）。

学练要点：剑的绕环要圆活连贯，上下协调配合，剑刃绕环时始终朝前。

图 3-114　进步左撩一

图 3-115　进步左撩二

（6）进步右撩

① 右手持剑直臂向上、向右后方划弧，左手剑指随势收于右肩前；眼视剑尖（图 3-116）。

② 右脚随之向左脚前上一步，前脚掌虚着地面；同时，右手持剑由右向下、向前划弧抡臂撩起，剑尖高与头平，左手剑指随之由右肩前向下、向前、向后上方绕环，屈肘侧举于头左上方；眼视剑尖（图 3-117）。

图 3-116　进步右撩一

图 3-117　进步右撩二

学练要点：动作连贯，身、剑配合要协调。

（7）坐盘反撩　右脚踏实后向前上一小步，左脚从右腿后向右侧插一步，成坐盘式；同时，右手持剑向上、向左、向下、再向右上方反手绕环斜上撩，剑尖高过头顶，左手剑指随之经体前向下、向后上方划弧，屈肘横举于左耳侧，拇指一侧在上，上身向左前倾俯；眼视剑尖（图 3-118）。

学练要点：坐盘时，左腿外侧盘坐地面，右腿盘落于左腿上，全脚掌着地，上身倾俯时，胸要内含。剑与臂成一直线。

（8）转身云剑

① 右脚蹬地，两腿站起，上身向左后转，身体重心落于右腿；同时，右手持剑随身体转动一周后屈肘使剑平举，拇指一侧在下，左手剑指附于右腕处；眼视剑尖（图 3-119）。

② 上动不停，上身后仰，右手持剑向左、向后、向右、向前弧形云绕一周，剑至身前

时，右手手心朝上，松把，使剑尖下垂，左手剑指放开，拇指一侧朝上，准备接握右手之剑；此时重心前移，左脚踏实，右腿伸直，上身前倾；眼视左手（图 3-120）。

学练要点：转身和云剑动作要连贯，云剑时要挺胸仰头，剑身经过面前要平、要快、要圆活。

图 3-118 坐盘反撩

图 3-119 转身云剑一

图 3-120 转身云剑二

7. 收势

（1）虚步持剑 右手将剑柄交于左手后即握成剑指，左手接剑后反握住剑柄向身体左侧下垂；此时右脚向右前方上步，脚尖里扣，屈膝略蹲，上身随之左转，左脚随之向前移步，以前脚掌虚着地面，成左虚步；在上身左转的同时，右手剑指随之由身后向上屈肘侧举于头右上方，手心朝上；眼向左平视（图 3-121）。

学练要点：左肘略上提，剑身紧贴前臂后侧，并与地面垂直。左手离胯约 10 厘米。

（2）并步站立 右腿伸直，右脚向左脚向左脚靠拢，并步站立；右手剑指下落于身体右侧，手心朝下，恢复成预备式；眼平视前方（图 3-122）。

图 3-121 虚步持剑

图 3-122 并步站立

第四章
田 径 运 动

田径运动是竞技运动的重要项目之一，包括竞走、赛跑、跳跃、投掷和全能运动等。人们通常把以时间计算成绩的竞走和跑的项目叫“径赛”，把以远度和高度计算成绩的跳跃和投掷项目叫“田赛”，“田赛”和“径赛”及田赛和径赛组成的全能运动，合称为田径运动。

田径运动是增强人民体质的重要手段之一，它在各级学校体育课（国家体育锻炼标准）中都占有很大比重，是各项运动的基础。经常、科学地参加田径运动，能促进人体新陈代谢，改善神经系统的调节功能和内脏器官的功能，提高人体健康水平与工作能力，培养人们勇敢、顽强、坚韧、果断的意志品质。所以，把田径运动作为其他运动项目提高身体素质的手段与提高技术、战术的基础。

田径运动项目较多，一般为个人运动项目，运动强度大，竞争性强，锻炼形式多样，不受人数、年龄、性别、季节、气候、场地等条件的限制，便于广泛开展。

田径运动历史悠久，有广泛的群众基础。田径运动在国际体坛影响很大，在历届奥林匹克运动会和其他大型运动会中，田径比赛都在中心运动场举行，也是奖牌最多的竞赛项目，世界各国都很重视发展田径运动，并把它作为衡量一个国家总体体育运动水平的重要标志。

第一节 跑

一、短跑

短距离跑是一项典型的发展速度素质的运动项目，它要求人在最短的时间内以最快的速度跑完所规定的距离，也叫“短跑”(以下简称“短跑”)。

短跑是田径运动的基础，是其他运动项目进行身体训练和技术训练的必要手段，也是《国家体育锻炼标准》的重要内容，短跑的项目包括：60 米跑（少年）、100 米跑、200 米跑和 400 米跑。

（一）短跑的技术

根据短跑的全过程技术，按起跑、加速跑、途中跑、终点冲刺和撞线、弯道起跑和弯道跑几部分分别叙述。

1. 起跑

在跑的比赛中，起跑姿势有站立式和蹲踞式两种，规则规定短跑必须采用蹲踞式起跑。

蹲踞式起跑都要使用起跑器。起跑器的安装应根据个人的身高、体形、技术水平和习惯选择确定，总的原则是有利于起动和发展速度。起跑器的安装有拉长式、接近式、普通式三种（图 4-1）。

不论采用哪种安装方法，一般要求前起跑器与地面的角度约 45°，后起跑器与地面的角度为 70°～80°。

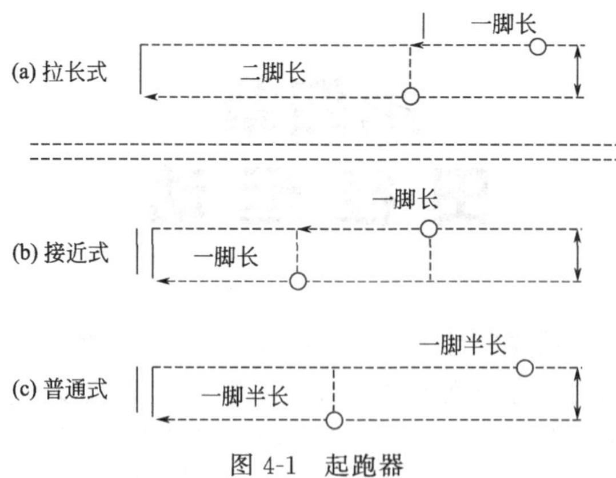

图 4-1　起跑器

蹲踞式起跑包括“各就位”“预备”“跑”三个动作（图 4-2）。

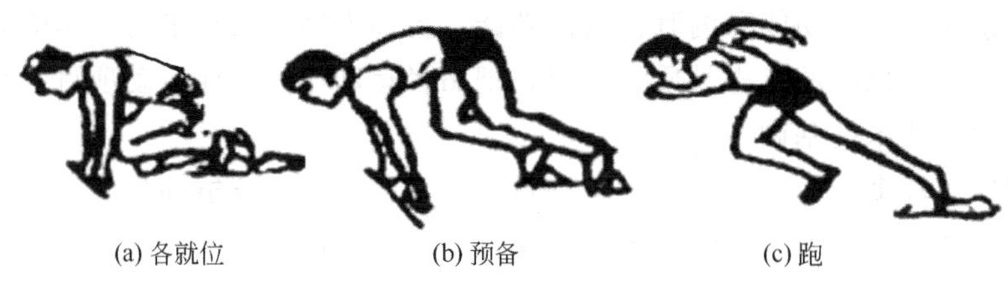

图 4-2　蹲踞式起跑姿势

听到“各就位”的口令后，做几次深呼吸，轻松地走或跑到起跑器前，两脚依次蹬在起跑器上，后腿跪在地面上，两手拇指相对，其余四指并拢，虎口向前，两手约于肩同宽，撑于起跑线后，两臂伸直肩微前移过起跑线，颈部自然放松，两眼视前 1 米处，注意听“预备”的口令，听到“预备”的口令后平稳地抬起臀部，稍高于肩，身体重心前移，前腿的大小腿角度约 90°，后腿约 120°，集中注意力听发令枪声，听到枪声后，两手迅速推离地面，两臂积极用力前后摆动，两脚迅速蹬离起跑器，后腿以膝领先迅速向前摆出，用前脚掌扒地，同时，后腿要把髋、膝、踝三个关节充分蹬直，身体保持较大的前倾度。

2. 加速跑

起跑后的加速跑，它的任务是在最短的时间内、最短的距离内发挥最大能力达到最高速度。跑步行进时后蹬快速、充分、有力，摆动腿积极前摆、下压，用前脚掌着地。加速跑的特点是前几步躯干前倾较大，频率快，步幅不断加大，上体逐渐抬起转入途中跑（图 4-3）。

图 4-3　起跑后的加速跑技术

3. 途中跑

途中跑是整个跑程中最长、速度最快的一段跑程，它的任务是继续发挥和保持最高速度冲向终点。途中跑的速度取决于蹬地力量，同时步幅的大小、步频的快慢和上体姿势的正确与否，都与跑速有直接关系。途中跑时，后蹬腿的髋、膝、踝三关节要尽可能地充分蹬直，完成快速有力的后蹬。后蹬角度约 50°，后蹬方向要正。随着前脚落地摆动腿的大腿迅速有力地向前上方摆出，并带动同侧骨盆前送，使步幅加大，紧接着大腿积极下压，这时由于惯性的作用，小腿自然前伸，接着前脚掌迅速而富有弹性地做向下、向后的扒地缓冲动作。脚着地后，为减小脚着地支撑时的反作用力，支撑腿和摆动腿微屈，迅速地缓冲协调配合，是途中跑技术的关键（图 4-4）。

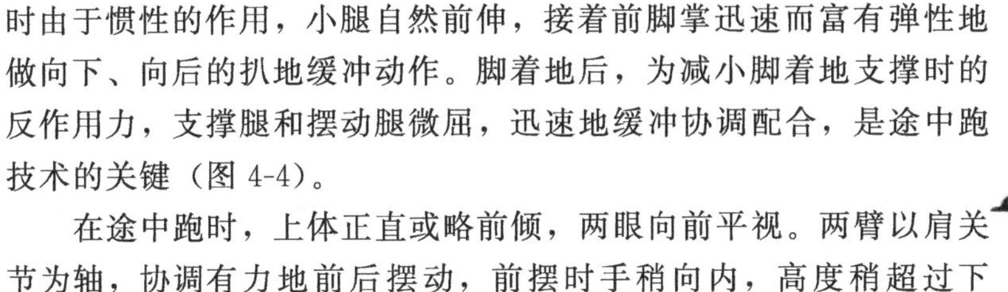

图 4-4 短跑之途中跑

在途中跑时，上体正直或略前倾，两眼向前平视。两臂以肩关节为轴，协调有力地前后摆动，前摆时手稍向内，高度稍超过下颌，后摆时肘稍向外，大小臂之间的角度约为 90°。

4. 终点冲刺和撞线

终点冲刺和撞线也叫终点跑，它是全程跑的最后一段距离。当跑至距离终点 15～20 米时，上体适当前倾，当跑至距终点大约 2 米时，上体迅速前倾，用胸部和肩部撞向终点线。跑过终点后，逐渐降低跑的速度，不要马上停下来（图 4-5）。

图 4-5 终点冲刺和撞线

5. 弯道起跑和弯道跑

200 米和 400 米跑，有一半以上的距离是在弯道上进行的，弯道跑要克服离心力，人体要采用向圆心倾斜的姿势跑，使跑的技术产生了相应的变化。

① 弯道起跑时，起跑器应安装在跑道的右侧，正对弯道切线方向。“各就位”时，左手置于起跑线后 5～10 厘米处，使身体正对弯道的切线方向，起跑后，开始一段距离应沿直线跑进，跑至切点前，身体要逐渐向左倾斜，尽快进入弯道（图 4-6）。

② 进入弯道时，向心力牵制着身体向圆心方向倾斜。后蹬时，右脚用前脚掌内侧，左脚用前脚掌外侧着地（图 4-7）。摆动时右膝关节稍向内，左膝关节稍向外，右肩高于左肩，右臂摆动的幅度和力量都大于左臂。右臂摆动时，肘关节稍偏向右后方，前摆时稍向左前方，左臂靠近身体前后摆动，由于弯道跑时会导致肌肉紧张，跑 200 米时，注意放松，第一个 100 米接近最高速度跑，第二个 100 米要竭尽全力跑完全程。400 米时要注意步幅开阔，有明显的节奏。

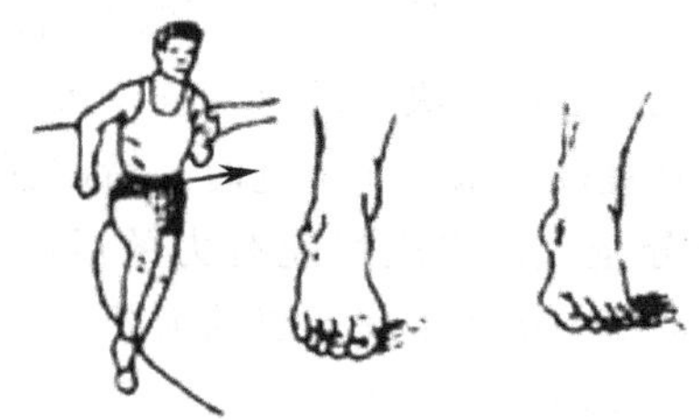

图 4-6　弯道起跑　　　　图 4-7　弯道跑

（二）短跑的练习方法

1. 一般练习方法

① 摆臂练习。两脚前后开立成弓箭步，抬头挺胸，两眼平视，两肩下沉，两臂屈为 90° 肘关节角，做前后摆臂练习，做到由慢到快动作都不变形。

② 用前脚掌着地富有弹性地慢跑，以后逐渐加大动作幅度并要求大小腿折叠前抬。

③ 行进中间断性地做 30～60 米的快跑，以体会动作技术，逐步达到协调自然。

④ 在直径 10～15 米的圆周上跑，逐渐加快速度，体会弯道跑时身体的内倾、脚掌用力的部位，以及腿、臂摆动的左右差异等弯道技术。

⑤ 反复做从直道进入弯道、弯道跑进直道，体会弯道跑时的前几步身体由内倾逐渐转入正直，体会顺惯性的自然跑动技术。

⑥ 反复练习起跑技术，熟悉口令，掌握蹬离地或起跑器技术。

⑦ 多做慢跑撞终点线的挺胸或侧肩。

2. 针对性练习

① 针对前摆腿太低，反复做后踢腿跑，使脚后跟在每次收腿前摆时都踢到臀部，还要多做高抬腿跑和后蹬跑的练习。

② 针对习惯性抢跑犯规，要多使用长短不规则的口令发令进行起跑训练，以适应口令的指挥。

③ 针对起跑后上体抬起过早，要适当拉长起跑器两抵足板的距离，反复做起跑练习。

3. 短跑的专门练习

多做小步跑、高抬腿跑、后蹬跑的练习，对于发展腿部力量和加快动作频率，克服各种不正确的动作有很大作用。

（1）小步跑　身体稍前倾，大腿抬起与水平线为 35°～45°，膝关节放松，然后大腿下压小腿顺下压的惯性前伸，并很快以前脚掌积极着地，脚趾完成最后“扒地”动作。两臂前后摆动配合两腿动作以小幅度、快频率来体会前脚的扒地感（图 4-8）。

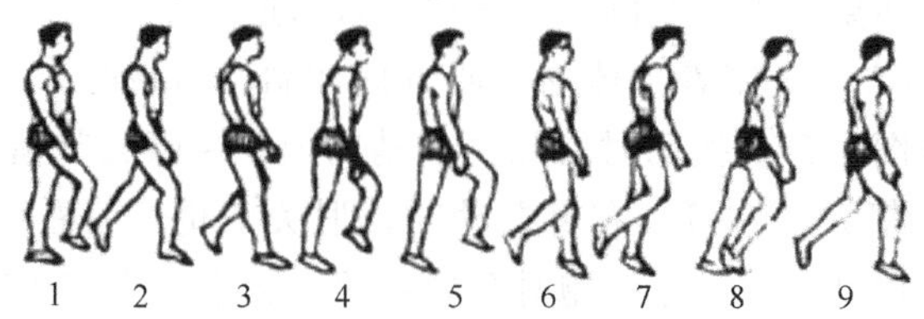

图 4-8　小步跑

（2）高抬腿跑　上体正直或稍前倾，头上顶，提高重心。大腿高抬到水平，然后积极下压，膝关节放松，小腿自然伸开，用前脚掌先着地，支撑腿要充分伸直，骨盆前送，两臂前后摆动，配合两腿做高抬。

（3）后蹬跑 上体挺胸稍前倾，支撑腿后蹬充分，而摆动腿屈关节领先向前摆出，然后大腿积极下压，用前脚掌着地，两臂前后摆动配合两腿动作（图 4-9）。

图 4-9 后蹬跑

二、中长跑

（一）中长距离跑

中长距离跑（以下简称“中长跑”）的技术结构与短跑基本相同。其技术可分为起跑、加速跑、途中跑、弯道起跑和弯道跑以及终点冲刺几部分，其中弯道起跑和弯道跑技术在短跑技术中已讲述，所以在这里只做起跑和加速跑、途中跑、终点冲刺三部分的技术叙述。

1. 起跑和加速跑

中长跑的起跑一般采用站立式，也可用半蹲式，现在田径规则中规定 800 米和 800 米以上的起跑是按两个口令完成起跑动作的，听到“各就位”的口令后，及时站到起跑线后，两脚前后自然开立，把有力脚放在紧靠起跑线的位置，两腿弯曲，上体前倾，身体重心落在前脚上，后脚的前脚掌着地，前脚异侧的臂自然弯曲在体前，同侧臂在体侧后，头部与躯干保持一条直线，眼看前方 4～5 米处，身体保持稳定姿势，集中注意力听信号，准备起跑（图 4-10）。

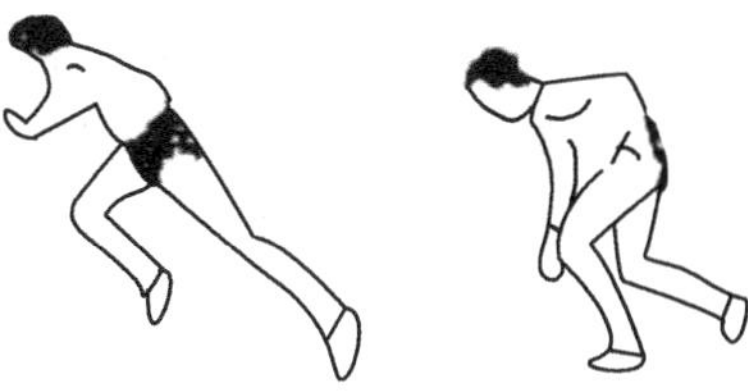

图 4-10 中长跑起跑

2. 途中跑

中长跑的主要组成部分是途中跑，正确合理地掌握途中跑技术是很重要的环节。途中跑时，身体应保持正直或稍前倾（约 5°）。胸腰微向前挺，腹部微收，头与上体成一直线，颈部肌肉放松，两眼平视前方，臂的摆动幅度比短跑时小，后蹬角度为53°～57°。

脚着地时的方法有三种：第一种是前脚掌先着地；第二种是全脚掌着地，屈膝缓冲，很快地过渡到前脚掌；第三种是用脚后跟先着地并迅速滚动到前脚掌的方法，这种方法多见于公路跑中。

中长跑的呼吸方式很重要，一般是以口为主，口鼻结合进行呼吸，呼吸节奏和跑的节奏相配合，三步一呼三步一吸或者两步一吸两步一呼。呼吸方式根据个人身体素质和跑的强度来确定（图 4-11）。

3. 终点冲刺

终点冲刺是临近终点的一段冲刺跑。应根据个人的体力情况来决定冲刺距离的长短，并用力摆臂，加强后蹬，适当加大上体的前倾度，以顽强的意志冲过终点。

图 4-11 中长跑之途中跑

（二）中长跑的练习方法

① 原地两脚前后开立成弓箭步，做摆臂配合呼吸的练习。

② 反复做 40～60 米的匀速跑练习，体会正确的呼吸方式和呼吸节奏。

③ 变速跑：采用弯道慢跑、直道加速跑的方法发展速度耐力。

④ 做富有弹性的 40～60 米反复跑，主要体会脚着地和大腿下压的动作技术。

⑤ 坚持常做小步跑、高抬腿跑、后蹬跑的专门练习，提高腿部关节的柔韧性和灵活性，同时全面发展腿部力量。

⑥ 结合游戏的形式来提高学生练习的积极性。例如："追拍"，即前后两排相距 30～50 米，听到信号后，后排学生追拍跑动的前排同学；或用分组短距离接力赛等形式。

⑦ 利用改变环境的方法做练习，如越野跑、乡村便道跑、公路跑、街道跑等不同环境都有助于增强学生锻炼兴趣，提高中长跑技术。

⑧ 做不同距离的定时跑和计时跑练习。

⑨ 分别在直道和弯道上反复进行起跑和起跑后的加速跑练习，一般要求跑出 400～500 米的距离才允许减速。

⑩ 结合长距离的耐久跑，配合终点冲刺练习。

（三）中长跑的简要规则

① 国际田径联合会承认世界纪录的中长跑项目有男子 800 米、1000 米、1500 米、1 英里、2000 米、3000 米、5000 米、10000 米；女子 800 米、1500 米、1 英里、3000 米、5000 米、10000 米。

② 800 米赛跑在 400 米场地进行时，在第一个弯道的末端之前应为分道跑，布置梯形起跑线，应使每个运动员从起点到终点所跑的距离相等。

③ 400 米以上的赛跑项目起跑发令，只喊"各就位"，等所有的运动员都稳定后即鸣枪。

④ 起跑时运动员犯规，除去全能项目，执行一抢罚下规则。

⑤ 400米及400米以下的赛跑项目必须使用起跑器起跑，采用蹲踞式起跑，其他各项径赛一律不得使用起跑器。

⑥ 严禁运动员使用兴奋剂。

⑦ 运动员的比赛成绩，必须是在符合国际田联审定的规则及规定的场地、器材等条件下创造的方为有效。

⑧ 不按规定佩戴号码或字迹不清晰者，不得参加比赛。

⑨ 径赛须沿逆时针方向跑，径赛运动员在跑步中，冲撞或阻挡了别人使别人受到妨碍时（推、拉、挤、拌、撞等），即取消犯规队员的录取资格。

⑩ 在分道径赛中，运动员应自始至终在各自的分道内跑。径赛运动员在中途擅自离开跑道或比赛路线，则不得继续参加比赛。

⑪ 除分道进行的接力赛另有规定外，所有其他径赛项目，运动员都不得在跑道上或跑道旁做标记。

⑫ 径赛项目中，以决赛成绩作为该项最后名次成绩，而不以预赛、次赛、复赛的成绩判定最后名次。

⑬ 径赛中，判定运动员到达终点的名次顺序，是以运动员躯干（不包括头、颈、臂、手、腿、脚）的任何部分触及终点线内沿垂直面的先后为准。

⑭ 运动员在比赛中应当遵守规则和规程，如有不正当的行为，裁判长有警告或取消其比赛资格的权力。

⑮ 男女运动员混合编在一组比赛，所创造的新成绩不予以承认。

⑯ 运动员在分道跑中踏上或越过左侧分道线，要取消成绩。

⑰ 为了帮助他人提高成绩而明显的伴跑，所创造的成绩不予承认，并取消比赛成绩。

三、接力跑

（一）接力跑技术

1. 持棒起跑

第一棒蹲踞式起跑时，应用右手握接力棒，握棒的方法是用中指、无名指和小指握棒的末端，拇指和食指分开支撑地面。规则要求接力棒不得触及起跑线以前的地面。

弯道起跑时应注意将起跑器安装在靠近跑道的外沿，正对弯道切点，起跑技术与短跑起跑技术相同。

2. 传接棒方法

传接棒方法一般分下压式、上挑式、混合式三种，这里只介绍前两种。

（1）下压式　下压式是传棒人将棒的前端由上而下放入接棒人的手中，接棒人的手臂向后伸直与臀部齐平，掌心向上，拇指向内，虎口张开向后接棒。

（2）上挑式　上挑式是传棒人将棒由下向上送到接棒人的手中，接棒人的手臂自然向后伸出，虎口向下，掌心向后接棒。

（3）传接棒的相互配合技术　接棒人站在起跑线或接力区的后端，看到传棒人跑到自己的起动标志线或标志区（5～7米处），即迅速跑出，当两人相距1.5米左右时，传棒人发出信号，接棒人立即伸手接棒。传接棒动作是在高速中进行的，必须在接力区内完成，传棒人逐渐减速，留在自己的跑道内，待其他道次的传接棒结束再离开跑道。

正规的接力比赛由四名队员完成，在安排各棒队员时，应考虑尽量发挥每个队员的心理

和技术特点，第一棒安排起跑技术好、心理素质稳定和弯道技术较好的队员；第二棒应是速度耐力好，并善于跑直道和传接棒技术比较好的队员；第三棒除具备第二棒的条件外，还应善于跑弯道；第四棒应是全队成绩最好、意志顽强和冲刺能力最强的队员。

（二）接力跑技术的练习方法

① 原地分组成纵队站立，做传接棒练习。

② 成一路纵队，在慢跑中完成以下练习。由排尾捡起排头扔在地上的接力棒传至排头，重复进行。

③ 在中速跑或快速跑中分组传接棒比赛，看哪组传接最顺利。

④ 60 米中速跑中完成传接棒。

⑤ 规定各棒次队员的站位，第一、第三棒站在跑道的靠里侧，第二、第四棒站在跑道的靠外侧。

⑥ 在 12～15 米直径的圆周上慢跑做传接棒练习，提高弯道传接技术，人多时要至少间隔 3～5 人一棒。

（三）注意事项

① 应先练习上挑式，再练习下压式。

② 分组练习时应将跑速相近的同学安排在一组。

③ 练习时要集中注意力密切配合，传棒人要认真准确地将棒送到接棒人手中。接棒人要果断稳定地将棒接牢，以免掉棒。

④ 练习时要缩短各接力区的间隔距离，以增加练习次数。

⑤ 接棒人要注意速度的控制，以免跑出接力区接棒而造成犯规。

（四）简要规则

接力赛跑时，各队员除严格遵守各径赛项目的公共规则外，还要遵守接力赛跑的各项规则。

① 4×400 米接力、4×200 米接力和 4×100 米接力的第一棒必须使用起跑器。

② 4×400 米和 4×200 米接力赛，各队运动员必须在各自的分道上跑完三个弯道，并跑过抢道线后方可切入里道。

③ 4×100 米和 4×200 米接力赛时，可在接力区后 10 米处用虚线或其他颜色画一条“预跑”线，第二棒到最后一棒，接棒运动员可以在接力区后 10 米的“预跑”线内起跑。

④ 各项接力赛必须在接力区内传接接力棒，接力棒到达接棒运动员的手中才算完成接棒，是否在接力区内，以接力棒的位置为准，不以运动员的身体或四肢的位置为准。

⑤ 运动员必须手持接力棒跑完全程，在接力区内传接棒时，不得抛掷，如接力棒在接力区内掉落，必须由原失棒者重新拾起，如在接力区外掉落，可以在不妨碍别人前进的情况下，自行拾起继续跑进。

⑥ 在分道接力赛跑中，运动员传出接力棒以后，必须暂留在本分道内，待各队接棒队员全部跑过之后，再退出跑道，以免妨碍别人前进；如果离开分道阻碍了其他队队员的前进，即取消其全队的录取资格，在不分道接力跑中，运动员将棒传出后，应在不影响别人的情况下立即离开跑道。

⑦ 运动员受同队队员的推动而前进，或接受任何方式的助力时，立即取消全队的录取资格。

⑧ 预赛被录取的队，在下一赛次的比赛中，只允许增加两名队员做替换队员，替换队员只能是已报名参加运动会的运动员，不论是该项或其他项目的运动员均可。各个赛次中，接力队的四名运动员及其各棒顺序，必须在每个赛次前正式申报。已参加比赛的接力队员一旦被人替补，则不能参加后继赛次的接力赛。

四、跨栏跑

（一）跨栏跑技术

1. 起跑至第一栏

跨栏跑的起跑与短跑的起跑相同，只是听到“预备”的口令时臀部抬得略高一些，起跑后的加速跑，上体抬起得略早一些，抬腿幅度大，后蹬角大，步长增加快、准确、稳定，栏前形成短步。

2. 起跨

起跨攻栏时，起跨腿积极快速地踏上起跨点，并迅速蹬直髋关节、膝关节、踝关节，摆动腿的大小腿折叠后，小腿前摆，上体前倾，异侧臂前伸。

3. 过栏

过栏时，摆动腿过栏后，大腿积极下压，同时，起跨腿屈膝外展，经体侧迅速向前提拉，上体保持前倾，摆动腿异侧臂向后划摆。

4. 下栏着地

摆动腿过栏后，膝与小腿适当放松，着地瞬间直腿向后下方做“扒地”动作；身体与重心投影点在一条直线上，起跨腿继续向前上方摆动并送髋，自然转入栏间跑（图 4-12）。

图 4-12　下栏着地

5. 栏间跑

摆动腿过栏脚着地不能有制动，应迅速前移身体重心，栏间三步节奏明显，步长稳定、重心高、速度快。

6. 全程跨栏

全程跨栏跑技术主要是在掌握好各技术环节的基础上使平跑速度与跨栏技术结合起来，使其连贯成体，重心的移动接近于平跑。

（二）跨栏跑的练习方法

1. 一般性练习

（1）摆动腿的练习

① 先做原地或上一步的摆动腿“鞭打”练习，主要熟悉起跨腿的支撑和摆动腿的屈膝高抬；同时体会大小腿的自然折叠技术，然后再做行进间的摆动腿“鞭打”动作练习。体会

摆动腿异侧臂随摆动腿的摆动自然成屈肘再随摆动腿的下落而伸展和大腿积极下压脚扒地，攻栏时摆动腿自屈曲到伸直的动作。

② 做原地或上步将摆动腿踏上高物，起跨腿蹬直，摆动腿屈膝前摆高抬，髋部前送，上体前倾，体会屈膝攻栏技术。

③ 摆动腿在栏侧过。练习方法：慢跑至近栏架位置时，摆动腿从架的一侧上空过栏后大腿积极下压，脚掌着地。

(2) 提拉起跨腿的练习

① 先扶肋木做原地提拉起跨腿动作的练习。

② 在行进中做慢跑提拉起跨腿动作的练习。

③ 在跑动中通过几个架的一侧端连续做起跨腿的提拉技术练习。

(3) 跨栏步练习

① 在垫子上或草地上直角坐，做过栏的模仿练习。

② 在跑道上放置 2～3 个栏架，沿栏的一侧端慢跑，起跨腿在栏后 1 米处蹬地起跨，身体腾空后起跨腿快速屈膝提拉过栏，摆动腿迅速伸直膝关节，并用前脚掌着地，体会跨栏步的完整动作。

③ 用线画出栏间的每步长度，按栏间节奏跑 2～3 个栏，体会栏间步的技术和节奏，以后逐步增加栏数。

(4) 跨栏跑全程技术练习

① 以蹲踞式起跑，跑 3～5 个栏，逐步增加栏数。栏架高度视学生的情况而定，逐步过渡到标准高度。

② 分组进行一些小组赛，提高练习兴趣。

2. 针对性练习

① 针对胆小缺乏信心者要反复讲解示范并改变练习条件解除学生的恐惧心理。

② 针对直腿攻栏现象要多做攻栏模仿练习，强调摆动腿的膝盖超过栏高后，再迅速伸小腿。

③ 针对摆动腿屈膝越过或从栏侧绕过栏架现象，要调整起跨点，并多做屈膝前摆攻栏的模仿练习；还要利用跳箱等类似器械反复练习起跳攻栏动作。

④ 针对跑过栏的现象，要画出起跨点。控制起跨距离，强调起跨腿充分伸直，不要离地太早，强调摆动腿摆动过栏，在大腿下压的同时起跨腿屈膝外展，迅速提拉。

⑤ 针对起跨腿提拉太慢，要多做栏侧的提拉练习，以增强提拉力量和关节的灵活性。

⑥ 针对过栏时身体不平衡，落地后向一侧倾斜或侧转，要强调两臂的配合摆动和上体前倾以及起跨腿积极向前着地。

⑦ 针对过栏后制动动作，要强调起跨腿在下栏后积极向前迈进和上体前倾，多做跑道上无栏架的连续跨栏动作练习。

⑧ 针对 110 米起跑后的 8 步距离第一栏太远，要画出起跑后 8 步的步长标记和起跨点，按标记跑和起跨，反复练习，增强腿部力量。

⑨ 针对步幅勉强，破坏了跑动技术，首先要解除思想顾虑多做负重弓箭步走，加强腿部、踝关节、脚跟的力量以适应技术的正常发挥。

⑩ 针对栏间跑时出现的跑不直，节奏不好，要控制起跨点和落脚点，按画好的直线和步长横线听口令节奏反复练习，口令由慢到快，逐步适应。

(三) 简要规则

跨栏跑比赛属径赛项目，所以必须在遵守各径赛项目的公共规则外，还要遵守跨栏项目的专项比赛规则，主要有以下几条。

① 所有跨栏项目的比赛均为分道跑，运动员必须沿着自己的分道跑进。

② 跨栏时，凡腿和脚由栏架外面越过，或有意用手推倒，用脚踢倒任何一个栏架，应判犯规（无意碰倒栏架者例外）。

③ 跨栏中，两臂或手摆动越到栏架外面而影响了邻道队员时，应判为犯规。

第二节 跳 跃

一、跳高

(一) 背越式跳高技术

背越式跳高是人体经弧线助跑起跳后，仰卧在横杆上，身体的有关部位经翻转依次过杆的一种跳高技术。

1. 背越式跳高的助跑技术

背越式跳高的助跑，前一段为直线，后一段为弧线。在起跳腿远离横杆的一侧助跑，一般是先有8～10步的直线助跑，又有在半径为5～6米的弧线上4～5步的助跑，最后一步的助跑路线与横杆成20°～30°的夹角。整个助跑过程中，两脚应始终沿助跑线，在弧线助跑时，由于身体内倾，形成身体重心投影点随助跑前移的轨迹不重合，是两条平行的弧线。

(1) 直线助跑阶段　一般先走几步或跑几个碎步，踏上标记后才开始助跑，助跑动作类似于短跑，用一步比一步快的节奏实现加速。

(2) 弧线助跑阶段　身体保持向内倾斜，跑时大腿高抬，用前脚掌着地，积极后蹬，最后三步必须蹬在弧线上，由脚跟滚到前脚掌，上体和髋快速前移，两腿积极后蹬，节奏比前段更快。

2. 起跳技术

背越式跳高是用远离横杆的脚起跳，起跳点在两根立柱之间，离近侧立柱1米左右，离横杆投影线60～90厘米处。

背越式跳高的起跳与俯卧式不同，要充分发挥跑的水平速度和起跳时的爆发力，摆动腿屈膝提膝向异侧肩前上方内扣上顶摆出，形成身体的回转动作，使起跳后背向横杆。

3. 过杆落地技术

(1) 过杆　起跳离地后，人体沿身体的纵轴转动为背向横杆而向上腾飞。起跳腿异侧的臂先过杆，头、肩和另一臂随之过杆，当头、肩过横杆，头向后仰，两膝向外分开，小腿下垂，身体成背弓形，此时臀部正处在杆上，挺髋动作一直延续到臀部移过横杆，然后收腹，当膝部靠近横杆时，两小腿及时向上甩起，使整个身体越过横杆，屈体下落。

(2) 落地　过杆后，下颌内收低头，以肩背先着地。

(二) 背越式跳高的练习方法

1. 起跳练习

(1) 原地起跳模仿练习　起跳腿在前，摆动腿在后，摆动腿积极蹬地，以髋带腿，大小腿折叠，屈腿向上摆动，同时两臂由后向前上方摆起。摆腿结束时带出同侧髋，提起身体重

心。摆臂结束时提起两肩，使摆动腿一侧肩高于起跳腿一侧肩，躯干伸直，使身体呈起跳结束姿势。

（2）做上一步起跳练习　摆动腿在前，起跳脚踏上前面的起跳点时，摆动腿积极蹬离地面起摆，然后做原地起跳模仿练习，完成起跳动作，并向上跳起。

（3）做加助跑的上述练习。

2. 助跑与起跳的结合练习

① 沿直径为 15 米左右的圆圈跑，体会弧线助跑的身体感觉和身体内倾的控制感。

② 做由直线进入圆圈跑的练习，体会由正直转入内倾的身体控制力。

③ 沿圆圈做 3～5 步一次的起跳练习。

3. 过杆练习

① 在高海绵垫子旁做背对垫子双脚起跳挺髋过杆的模仿练习。

② 做 3～5 步助跑起跳背卧上较高的海绵垫子。

③ 做 3～5 步助跑背越过杆练习。

④ 上一步起跳做背越式过杆动作。

4. 完整动作的练习

① 学会助跑步点的丈量法。

② 做 8 步助跑起跳、背卧上较高海绵垫子练习。

③ 做 8 步助跑背越式过杆练习。

④ 做全程助跑背越式跳高练习。

（三）跳高比赛的简要规则

① 田赛项目比赛时，运动员如无故延误比赛时间，即按该次试跳失败论，但以前的成绩仍为有效。判定运动员无故延误时间的，应从裁判员通知运动员试跳算起，除撑竿跳高外，其他田赛项目的时限为 1 分 30 秒。如果只剩 2～3 名运动员时，跳高试跳时限为 3 分钟，撑竿跳高为 4 分钟，如只剩 1 名运动员时，跳高开始试跳的时限为 5 分钟，撑竿跳高为 6 分钟（上述时限虽非硬性规定，但一般不应超过）。

② 田赛的高度项目中，以运动员最后试跳成功的高度作为个人最高成绩，然后以各运动员的最高成绩排列名次。

③ 跳高、撑竿跳高比赛成绩相等时的录取办法。

a. 在最后跳过高度上试跳次数较少的运动员名次列前。

b. 如按上述办法不能分列名次时，应将全赛中试跳失败次数（不包括最后高度上的共同失败次数）最少的运动员名次列前。如仍不能判定第一名运动员的归属，要进行决定名次赛。

④ 跳高比赛在只剩 1 名运动员或出现成绩相等之前，每轮之间横杆的升高不得少于 2 厘米，在全能跳高比赛中，横杆的升高自始至终为 3 厘米。

⑤ 运动员必须用单腿起跳。

⑥ 在试跳中碰掉横杆或越过横杆之前，身体的任何部分触及立柱之间、横杆延长线垂直面以外的地面或落地区者则判为试跳失败。

⑦ 比赛时，运动员可以在规定的起跳高度以上的任一高度开始试跳，也可以在以后的任一高度上决定是否“免跳”，在任何高度上凡连续失败 3 次，即失去继续比赛的资格。

在一个高度上，第一次或第二次试跳失败后，均可要求“免跳”，但在下一高度上试跳的次数，只能是在前一个高度上剩余的未跳次数，在某一高度上已经请求“免跳”则不准在

该高度上恢复试跳。

第一名成绩相等，决名次时不能免跳，且只有一次试跳机会。

⑧ 每名运动员应以其最好的一次试跳成绩，包括因第一名成绩相等而进行决名次赛的试跳成绩，作为其最后的决定成绩。

⑨ 跳高架立柱的高度，至少应超过横杆实际提升的最大高度 10 厘米，两立柱之间的距离为 4～4.04 米。

⑩ 横杆的直径至少为 2.5 厘米，但不超过 3 厘米，横杆的长度为 3.98～4.02 米，最大重量不得超过 2 千克，横杆两端必须有一段长 15～20 厘米、宽 2.5～3 厘米的平面，以便安放，不得包扎橡胶或其他能增加摩擦力的材料。

⑪ 跳高架立柱的横杆托应为长 6 厘米、宽 4 厘米的长方形平面，横杆放在横杆托上时，两端应与横杆托靠近 1 厘米处的边沿齐平。

二、跳远

（一）跳远的动作技术

跳远有蹲踞跳远、挺身式跳远、走步式跳远三种，这里根据学校体育的一般基础水平，只对蹲踞式跳远和挺身式跳远作介绍。

1. 蹲踞式跳远技术

（1）助跑技术　助跑必须保持稳定的步幅与步频，这是保证步点准确的基本条件之一。助跑开始，上体前倾较大，两腿蹬摆有力，步频加快，两臂配合摆动，助跑的中段上体逐渐抬起，上下肢摆动幅度加大，腿抬得较高，蹬摆动作有力，并协调配合；起跳前上体几乎与地面成垂直姿势，助跑的节奏加快，跑动轻松有力，脚掌着地富有弹性，上下肢动作协调，配合身体重心位置较高，向起跳板积极快速进攻。助跑临近踏跳板前，助跑节奏明显加快，为了准确起跳，使最后一步起跳脚快速着地，一般是倒数第二步较大，身体重心却略有下降，最后一步比倒数第二步小，以利于快速踏跳。

（2）起跳技术　起跳动作包括起跳脚着板，髋关节、膝关节、踝关节的缓冲和蹬伸起跳。助跑的最后一步，起跳腿几乎是直着快速着地，脚后跟着地后迅速滚动到全脚掌。着板时，上体正直稍后倾，下颌微微抬起，眼睛注视前上方。起跳脚着板后，髋关节、膝关节、踝关节很快弯曲缓冲，使腿部伸肌拉长，缓冲后髋关节、膝关节、踝关节充分伸展，同时摆动腿迅速屈膝前摆，两臂肘关节摆至与肩同高时突停，用前脚掌蹬离起跳板，完成起跳动作。

（3）腾空姿势　起跳后，起跳腿留在体后形成腾空步，此时摆动的大腿继续高摆，同时两臂伸向体前；起跳腿向前上方收举与摆动腿并拢，上体前倾，两臂下摆成空中蹲踞姿势。

（4）落地技术　落地时两小腿前伸，当脚跟接触沙面后，脚掌下压，屈膝送髋，两臂向前摆动，使身体重心尽快移过支撑点。为了有效落地，可采用前倾落地和侧倒落地两种方法。

① 前倾落地：落地前臂部伸直，两腿上举低头向前屈体。落地时两脚平行并拢，在脚跟插入沙坑时，膝关节迅速弯曲，两臂向体前快速挥摆，促使身体重心前移超过脚而前倒落地。

② 侧倒落地：在落地一刹那，一条腿蹬伸，同时挺腹转髋，向屈腿一侧就势侧倒。

关于蹲踞式跳远技术的教学，为方便记忆和领会，很多已缩编为口诀，也是教学实践的体会与总结。

助跑技术：　开始姿势应固定，起动就应加速行。
步幅长短因人异，步数多少各有数。
轻松自然直又稳，速度逐渐达高峰。
助跑后段步频快，迅速踏板向上挺。

起跳技术：　跳脚擦地攻上板，重心随速跟上前。
髋膝踝屈做缓冲，好比弹簧被下按。
重心移过支撑面，蹬伸上挺离跳板。

腾空姿势：　踏跳腾起成弓步，后腿上摆拼前去。
两腿屈膝接近胸，自然显示蹲踞势。

落地技术：　收腹举腿颈前伸，两臂后摆做平衡。
脚跟触沙膝弯曲，重心迅速向前移。

2. 挺身式跳远技术

① 挺身式跳远的助跑、起跳、落地与蹲距式跳远的助跑、起跳和落地技术相同。

② 腾空动作。起跳后仍保持腾空步姿势，随后摆动腿的大腿积极下压，小腿由前向下向后做弧形摆动，使髋关节伸展，两臂向下向体后摆振，这时留在体后的起跳腿与向后摆动的摆动腿靠拢，挺髋挺胸，形成展体挺身姿势，落地前两臂由后上方向前、向下、向后方画弧摆，两腿向前摆动，收腹，腿、颈前伸，使上体前倾准备落地。

③ 落地技术。落地技术的要求有：尽可能推迟脚着地的时间，加大着地点和身体重心投影点之间的距离；保证身体移过着地点；安全落地。落地前，两腿屈膝高抬呈团身姿势，膝关节靠近胸部，将要着地时，膝关节伸直，小腿前伸，双脚接触沙面后，双脚屈膝缓冲，骨盆前移，两臂积极前摆，上体前倾，使身体迅速移过落点，避免后坐。

（二）蹲踞式跳远和挺身跳远的练习方法

1. 原地模仿起跳动作练习

① 原地起跳练习，摆动腿在前，起跳腿在后，随着身体重心的前移，起跳腿屈膝前摆，做放脚、踏板、起跳的模仿动作。

② 高抬腿跑或用一般跑动结合做起跳练习。

③ 用短、中不同距离的助跑起跳做腾空步的练习。助跑起跳后，保持“腾空步”姿势，以摆动腿着地，接着向前跑进。

④ 在30～50米跑步中每隔几步做一次起跳练习（包括“腾空步”）。初期跑的速度可适当放慢，随动作的掌握，逐渐提高速度，并注意加大起跳中的向前用力。

⑤ 在30～50米的快跑中听口令立即完成一次起跳，注意起跳前不要破坏跑的技术，保持放松的动作和落地前的弹性。

2. 落地练习

① 原地起跳、在空中抱膝。

② 多做立定跳远练习。

③ 以立定跳远的动作从40厘米左右高度跳下。

3. 蹲踞式跳远空中动作的练习

掌握了“腾空步”和落地技术以后，将“腾空步”和落地技术动作连接在一起，就是蹲踞式跳远练习的基本方法。在短、中距离助跑的完整技术练习中，主要要求是：有明显的“腾空步”和身体平衡。

4. 挺身式跳远空中动作的练习

① 在原地和行进间做挺身式跳远动作的模仿练习。

② 此练习可分为三个节拍：a. 模仿起跳结束时的姿势；b. 放下摆动腿的同时送髋挺胸，两臂向下、向后摆动；c. 模仿落地前的收腹举腿。

③ 同前面的练习，从高处跳下。

④ 练习跳绳，两腿前后分立（摆动腿在前），两腿依次单跳落地（单跳单落），体会放下摆动腿时的送髋和挺身动作。

⑤ 助跑起跳后，摆动腿放下并送髋，然后稍收腹，身体以较直的姿势落地。

（三）跳远比赛的简要规则

① 参加比赛的运动员超过 8 名时，每人可先试跳三次，成绩最好的前 8 名运动员再试跳三次。倘若有 8 名存在成绩相等，则成绩相等的运动员，均可再试跳三次。如果只有 8 名或不足 8 名运动员参加比赛，则每人可试跳六次。

② 每名运动员应以最好的一次试跳成绩作为最后的决定成绩。

③ 田赛中远度项目的比赛如有成绩相等时，应以其次优成绩判定名次；如次优成绩仍相等时，则以第三较优成绩为准；余类推。如仍相等，并涉及第一名者，则令成绩相等的运动员，按原比赛顺序进行新一轮试跳，直到决出名次为止。

④ 如有下列情况之一，则判作试跳失败：

a. 助跑中或起跳时，身体的任何部分触及起跳线前面的地面或在橡皮泥显示板（沙台）上留有痕迹；

b. 由起跳线或起跳线两端的延长线上踏过或跑过，或在延长线后面起跳；

c. 在落地过程中触及沙台以外的地面，而沙坑外的触及点比沙坑内的点离起跳线近；

d. 完成试跳后，向后走出沙坑；

e. 采用任何空翻动作。

⑤ 丈量成绩时，须从运动员身体任何部分着地的最近点（距起跳板）至起跳线或起跳线的延长线呈直角丈量，丈量的最小单位为 1 厘米，不足 1 厘米者不计。

⑥ 在起跳板后面起跳，应为有效试跳。

三、三级跳远

（一）三级跳远的动作技术

三级跳远包括助跑、第一跳（单脚跳）、第二跳（跨步跳）和第三跳（跳跃）。

1. 助跑

三级跳远的助跑基本上与急行跳远相似，所不同的是，三级跳远的第一跳不像在跳远中那样强调高度。因而，最后几步助跑时，上体前倾。助跑的距离，可因人而异，灵活掌握。一般是跑 12～14 步（见图 4-13）。

2. 第一跳

三级跳远的第一跳是用有力腿做起跳腿。起跳后经过空中交换腿的动作，再用它落地而完成的单足跳，使身体重心迅速前移，起跳的蹬地角度和腾空角度均比跳远要小。起跳时，腿的蹬地角度为 60°～65°，身体重心腾起的角度为 16°～18°。

起跳后形成一个腾空步。在腾空步中，上体正直，保持一定的腾空时间。在腾空步的后半段，起跳腿以大腿带动小腿前摆，与摆动腿交换，称为“腾空步”。其动作要求是起跳腿

图 4-13　三级跳远之助跑

屈膝向前上方摆动，同时，摆动腿由上向下向后摆动，形成“交换步”。上体前倾，两臂配合腿的动作协调摆动以维持身体平衡。在“交换步”后，起跳腿继续前摆与地面平行，然后大腿积极下压，由前向下向后积极地以“刨地式”落地，异侧臂由前向后侧摆，准备第二跳的起跳。

3. 第二跳

三级跳远的跨步跳是以单脚跳的落地腿为起跳腿，跳起后由原摆动腿向前跨步落地。

第一跳落地后上体保持正直，髋关节尽量保持挺直。此时，摆动腿由后向前积极屈膝上摆，两臂协调配合，由后侧向前上方摆动，同时，起跳腿快速有力地蹬地，积极送髋完成第二跳的动作。

在第二跳腾空的后半段，摆动腿继续向上摆至大腿与地面平行或稍高，起跳腿仍然在身后弯曲，上体稍前倾。两臂同时由上呈弧形向下向后侧方摆动，快要落地时，两臂已摆至身体的后侧方。摆动腿开始迅速而积极地做刨地式落地，为第三跳准备。

4. 第三跳

三级跳远的第三跳是以跨步跳的落地腿为起跳腿，在摆动腿和双臂摆动的配合下完成起跳动作的一次跳跃。

第三跳的腾空动作一般为蹲踞式，也可以采用挺身式或走步式。准备落地时，在两臂用力向体后挥摆动作的配合下，两腿尽量高抬，并尽可能向远处伸腿，落地时，屈膝前倒，两臂同时向身体的前上方摆动。

（二）三级跳远的练习方法

1. 刨地式落地动作的模仿练习

①（以左手为例）一手扶肋木侧向站立，右腿屈膝向前上方抬摆，当大腿摆至水平位置时积极向下后方压下，同时伸直腿且全脚掌在身体前约 30 厘米处扒地。

② 原地站立。在屈膝前摆大腿积极下压扒地的同时，两臂从身体后方向前上方做有力的摆动，练习也可在走步或慢跑中完成。

2. 第一跳及第二跳和第三跳的结合练习

（1）短程助跑和起跳相结合练习　先做 4～6 步助跑后用有力腿起跳，起跳腿落入沙坑

后继续跑进。

注意控制起跳后的身体运动方向和腾空的高度，使身体快速向前，起跳时可采用臂前上摆或单臂后摆的配合摆动方法。

（2）换步跳练习

① 在行进中做单脚交换的积极落地动作。

② 做 4～6 步的助跑起跳后在空中完成交换腿的动作，再用起跳腿落到较高处或跳箱上（不宜很高，可先由 20 厘米开始逐步升高）。

③ 在跑道或草地上，行进中连续做单足起跳和跨步跳练习。

④ 在助跑过程中按规定的信号节奏完成第一跳接第二跳练习。

⑤ 标出第一跳和第二跳的步长，助跑 6～8 步按标记做单足跳和跨步跳练习。

⑥ 单足跳过横杆，跨步跳过皮筋，用摆动腿落入沙坑内继续跑进。

⑦ 多做多级跨跳练习，要注意节奏和加大动作幅度。

3. 第二跳和第三跳的结合练习

① 在行进中做连续的三级跨跳练习。

② 做 4～5 步助跑后起跳跨入沙坑，摆动腿着地向前跑出，要求起跳后腾空步的时间要长，身体在空中平稳。

③ 做 6～8 步助跑跨步起跳后用摆动腿落地并再起跳，然后双脚落入沙坑。

④ 第三跳技术练习。

a. 用摆动腿做单跳 10～15 米，最后双脚落在沙坑内。要求最后一步要跳起来。

b. 中程助跑的弱腿跳远练习。

c. 做 4～6 步助跑单足跳，连续过几个没危险性的障碍和目标。

4. 三级跳远完整动作技术的练习

① 先做短距离助跑的三级跳练习。

② 按规定的步长标记做三级跳远练习。

（三）三级跳远的简要规则

① 三级跳远的第一跳须用起跳脚落地，第二跳须用摆动脚落地，第三跳是用两脚落入沙坑内，这样算完成三级跳远的完整动作。

② 在三级跳远的各跳过程中，摆动脚触地，可不判作一次试跳失败。

其他请见急行跳远的简要规则。

第三节　投　　掷

投掷主要学习推铅球。

（一）推铅球技术

推铅球的方法目前主要有背向式、侧向式、旋转式三种。这三种方法在某些动作结构中虽有不同，但都是一个有机联系的完整体。为了便于技术分析，以背向滑步推铅球为主，按握球和持球、滑步前的预备姿势、滑步、最后用力四部分进行分析阐述。

1. 握球和持球的方法

（1）握球的方法　五指自然分开，把铅球放在食指、中指和无名指的指根上，铅球重量在食指和中指之间，拇指和小指扶在铅球的两侧，手腕背屈以防球体滑动，便于控制出球的方向，推球时能充分发挥手指手腕的力量，使球获得更大的速度。手指手腕力量较大的人，可将铅球放在更靠近指根处，以防推球时挫伤手指。

(2) 持球的方法　握好球后，将球放在锁骨窝处，贴着颈部，右臂屈肘掌心向上，持球臂的大臂同肩齐平或略低于肩。

2. 滑步前的预备姿势

预备姿势是滑步前的准备动作，它对铅球运行距离的长短起着重要作用，也为顺利滑步创造条件。预备姿势有高姿势和低姿势两种。

(1) 高姿势技术　持球后，背对投掷方向，站在投掷圈的后沿，两脚前后相距 50～60 厘米。右脚前脚尖贴近圆圈边沿，脚跟对准投掷方向（也可稍向内转），左脚在后并以前脚掌和脚尖着地，膝部自然弯曲，上体正直并放松，右臂自然上举，体重完全落在伸直的右腿上。

这种高姿势比较自然，全身肌肉比较放松，能协调地转入滑步动作，有利于提高滑步的速度，但在滑步前的摆腿和屈膝团身过程中，由于身体重心升降的幅度较大，对控制身体平衡的能力要求较高。

(2) 低姿势技术　持球背对投掷方向，站在投掷圈的后沿，两脚站立的方法和位置与高姿势技术相同，两膝弯曲，上体前屈，左臂自然下垂，肩稍内扣，头与背保持在一个平面上。

低姿势转入滑步比较方便，容易控制身体平衡，但全身肌肉紧张，特别是背部肌肉比较紧张，左腿负担较大。

3. 滑步技术

滑步前，有人先做一两次预摆，有人不做预摆。采用高姿势者预摆时，左腿自然弯曲，大腿用力平稳缓慢地向上摆起，左腿伸直，上体伴随左腿上摆，逐渐前倾，左臂微屈，前伸或下垂，头同背保持在一个平面上，当左腿摆到使背约与地面平行，身体稳定后回收左腿向右腿靠近，同时右腿逐渐屈膝，完成团身动作，为右腿蹬地和左腿摆动创造条件。

无论高姿势或低姿势，也无论预摆或不预摆，当左腿回收靠近右腿时，臀部微向投掷方向移动，使身体重心移离支撑点，便于滑步和避免在滑步中身体重心起伏过大。当臀部后移时，左腿快速向抵趾板方向摆出，同时右腿蹬伸，由于左腿快速摆动和右腿用力蹬伸动作的协调配合，推动身体向投掷方向移动，右腿蹬地后要迅速拉收。在收腿过程中，膝和大腿向内扣，脚尖逐渐向内转动，用前脚掌落在圆圈中心附近，与投掷方向成 90°。右脚着地后，左腿积极下落，脚尖稍向外转，带动髋部微向左转动，左脚用前脚掌内侧落在圆圈直径方向线的左侧（即投掷方向），与投掷方向约成 45°，两脚着地相隔时间越短越好，保证迅速过渡到最后用力。

4. 最后用力技术

最后用力的动作是滑步结束后，右脚比左脚先着地，在两脚未着地之前，应努力保持躯干向左侧扭紧的姿势，直至右脚进入支撑，当右脚着地到左脚支撑这一时刻开始躯干鞭打。右脚着地后积极蹬伸，膝向大腿内扣，推动右腿向投掷方向转动，上体在转动中逐渐抬起，由于躯干肌群的积极收缩，加快了铅球运行速度，为加快上体转动和抬起，左臂从胸前向左上方摆动，使原来的背对投掷方向转至为侧对投掷方向，此时左臂和左肩高于右肩，铅球处于较低位置，体重大部分仍在弯曲而压紧的右腿上，为躯干鞭打创造条件。

由于腿不停地蹬伸，大腿积极向前向上加速，右髋继续向投掷方向转动和上体逐渐前移，体重逐渐移至左腿，当左臂继续向体侧摆动时，向前挺胸转头，躯干开始最后的鞭打动作，挺胸越积极，手臂伸直得越快，推球速度也越快，随两腿充分蹬伸和躯干的最后鞭打（超越器械动作），右肩积极向前上方送出，迅速而有力地将球推出，当球离手时快速而有力地屈腕拨球，使铅球从手指离开，加快出手速度，球离手后要缓冲身体向前的冲力，维持身体平衡，以防犯规。

（二）推铅球技术的练习方法

1. 模仿练习

① 从滑步前的预备姿势起，做右腿蹬转躯干鞭打动作。

② 用实心球、铅球或其他器械，做原地推球模仿练习。

a. 用正面推实心球或较轻的铁弹之类练习。

b. 用实心球或轻铅球做不滑步的蹬转推球出手练习。

c. 用铅球做不滑步的蹬转推球出手练习。

2. 滑步练习

① 徒手滑步练习。

② 以摆动腿的摆动练习为主，做小幅度的半高姿势的滑步练习。

③ 低姿势的摆腿滑步练习。

④ 持铅球的滑步练习。

⑤ 滑步推球出手练习。

3. 完整背向滑步推铅球技术练习

① 圈外做背向式推铅球的完整技术动作。

② 圈内完整技术的推球出手练习。

③ 自我抛接铅球练习，以熟悉手感以便控制相应重量的铅球。

④ 发展推铅球力量的专门练习。

（三）简要规则

① 铅球比赛是运动员在一个直径为 2.135 米的投掷圈内，以投掷圈的圆心为基准点，将铅球向外以 34.92°夹角放射出去的两条直线所构成的扇形区域推掷而出进行比赛的运动项目。

② 参加比赛的运动员超过 8 名时每人先试掷三次，成绩最好的前 8 名运动员再试掷三次，倘若前 8 名存在并列成绩，则这些成绩相等的运动员均可再试掷三次。只有 8 名或不足 8 名运动员参加比赛，则每人都可试掷六次。

③ 运动员应在投掷圈内从静止姿势开始试掷。推铅球时，应将铅球抵住和靠近下颌，用单手由肩上推出，不得将铅球移至肩上或肩后抛出。

④ 运动员可触及投掷圈或抵趾板的内侧。运动员走进投掷圈开始投掷后，身体任何部分触及圈外地面，或踏在抵趾板或投掷圈上面，或器械脱手，均判做一次试掷失败。

⑤ 倘在投掷过程中未违反上述规定，运动员可中止已经开始的试掷，可在圈外或圈内放下器械，并可离开投掷圈。但重新试掷时，必须从静止状态开始，上述情况应计在该次试掷的一分半钟内。

⑥ 运动员在器械落地后，才能离开投掷圈。离圈时运动员与圈的顶部或圈外地面接触

的第一步，必须完全在延长线的后面。

⑦ 器械必须完全落在落地区角度线内沿以内，试掷方为有效。

⑧ 每次有效试掷后应立即丈量成绩，丈量时，须从器械着地最近点取直线通过投掷圈至圆心，以着地最近点至投掷圈内沿的距离为准，以 1 厘米为最小丈量单位，不足 1 厘米不计。

⑨ 运动员不得将几个手指扎在一起，除敷盖伤口外，手上不得贴胶布，不得使用手套，不得在鞋底或投掷圈内喷、撒任何物质。

第五章
乒乓球运动

第一节　乒乓球基本技术

一、基本站位与准备姿势

1. 基本站位

运动员在接发球时，应有一个基本站位。基本站位应根据自己的打法类型、风格特点与身体条件来决定。乒乓球的打法类型很多，主要可以分为三类。

（1）直拍进攻型　一般直拍进攻型打法站立在球台偏左的位置，身体距球台 40 厘米左右。

（2）横拍进攻型　横拍进攻型一般站立在球台中线略偏左的位置，身体距球台 50～60 厘米。

（3）横拍削攻型　横拍削攻型站位居中较多，身体距球台 50～70 厘米。

2. 准备姿势

运动员在接发球之前，应当保持正确的基本姿势，以便迅速移动，抢占有利击球位置，提高击球的准确性。正确的基本姿势是（以右手持拍为例）：两脚开立略宽于肩，右脚稍后，前脚掌内侧着地，提起脚跟，膝关节弯曲，上体略前倾，重心放在前脚掌上，双眼注视来球。持拍手臂弯曲置球拍于右腹前，不持拍手臂自然弯曲置于体侧。

在击球过程中，每打完一板球都应尽量还原成基本姿势，有利于下一板击球时能快速起动，照顾全台，增强击球的准确性。

二、握拍方法

乒乓球的握拍方法，基本上分为直拍握拍法和横拍握拍法两种。不同技术和打法的运动员其握拍方法各有不同，选用何种握拍法，可根据个人不同的技术特点进行选择。

（一）直拍握拍法（见图 5-1）

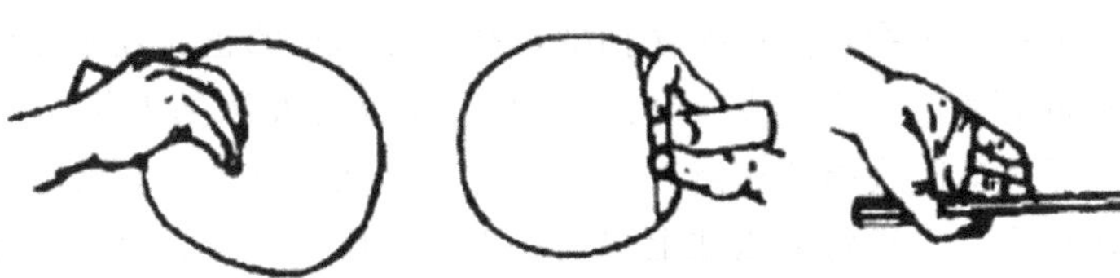

图 5-1　直拍握拍法

1. 直拍快攻型握拍法

快攻类型（包括左推右攻和两面攻两种打法）常见的握拍方法有以下三种。

（1）中钳式　将拍柄握在食指的指根处，以食指的第二关节压住球拍的右肩，食指的第一关节自然向内弯曲，拇指的指间关节压住球拍的左肩（拇指与食指之间的距离要适中）。其他三指自然弯曲斜重叠，以中指第一指节托于球拍背面，使球拍保持平稳。

这种握拍法，手腕比较灵活，可以在发球时利用手腕动作，发出动作相似而旋转、落点不同的球，也可以很灵活地打出斜线球、直线球，对台内球的处理也较为有利。

（2）大钳式　握拍方法与第一种基本相同，但拇指与食指之间的距离较大（钳形较大）。这种握拍法有利于上臂和前臂的发力，中、远台攻球，扣杀球比较有力。但由于拇指与食指之间的距离较大，握拍较深，对手腕的灵活性有一定影响。

（3）小钳式　拍柄右侧贴在食指第二、三关节之间，以拇指和食指的第一关节压住球拍的左、右两肩，两指间的距离较小，以中指的第一指节左侧将球拍背面托住，无名指和小指斜叠在中指之下，用无名指辅助中指托住球拍背面，使球拍保持平稳。这种握拍法为部分两面攻运动员所采用，其优点是进行反手攻球时，提起前臂后拍头朝上，有利于反手高压打球，由于拇指与食指之间的距离较小，手腕比较灵活，易于处理台内球。

2. 直拍弧圈型握拍法

① 握拍与直拍快攻型握拍的中钳式握法相同。它在正手拉弧圈球时，拇指、中指和无名指协调用力，中指和无名指略微伸直（不是完全伸直，仍有一些弯曲），以利于出手击球时较好地保持拍形的前倾。

这种握拍法的优点是手腕比较灵活，正、反手和推挡的结合比较容易，处理台内球也较好。缺点是扣形不易固定，对正手大角度球和扣杀较高的球较难处理。

② 拇指贴在球拍左侧，食指轻轻扣住拍柄，形成一个小环状。中指和无名指较直地以第一指节托住球拍背部，小指自然紧贴在无名指之下。这种握拍法，很自然地将手臂、手腕和球拍连成一条线，拍呈横状，扩大了右半台的照顾范围。在正手拉弧圈球和扣杀时，容易发挥手臂的力量。正、反手结合运用时，主要靠前臂带动手腕做回旋动作。缺点是手腕不灵活，处理台内球、追身球比较困难。

3. 直拍削球型握拍法

直拍削球型握拍是拇指自然弯曲，紧贴拍柄左侧，第一指节用力下压，其余四指自然分开托住球拍背面。这种握拍法削球的照顾面较大，正、反手削球时以手臂的转动调节拍形。削中转攻或推挡时，食指可迅速移到前面，第二指节压住球拍右肩，拍后三指则改为自然弯曲托住拍底。

（二）横拍握拍法

横拍攻击型（包括快攻和弧圈两种）和防守型（包括削、攻结合）握拍方法基本相同，但可分为浅握和深握两种。

浅握以中指、无名指、小指自然地握住拍柄，拇指在球拍的正面轻贴在中指旁边，食指自然伸直斜放于球拍的背面，虎口轻微贴拍。深握与浅握的握法基本相同，但虎口紧贴球拍。这两种握法，正手攻球时食指要用点力，也可将食指往上移动一些帮助压拍。反手攻球或快拨时，拇指要用点力，也可将拇指往上移动一点帮助压拍。正、反手削球时，手指基本不动。

浅握的优点是握拍较松，手腕灵活，对台内球的处理方法较多，既可用拉，也可用“撇”“摆短”等方法回击。进攻时，对低球起板较容易；左右结合较灵活协调；削球、搓球、发球时，旋转变化动作小，对方不易判断。缺点是进攻时，上臂、前臂的力量较难全部集中到手腕上，因而发力略受影响。削球时，因手腕较活，拍形不易固定，特别是削弧圈球

较难控制。

深握的优点是握拍较紧，拍形比较固定；进攻时上臂、前臂的力量能集中到手腕上，发力比较集中；拉高吊、前冲弧圈球比较转、凶，扣杀球比较有力；弧圈球比较好控制，加转削球有力，旋转强。缺点是由于握法紧，手腕不够灵活；对攻时左右结合的灵活性稍差一些；处理台内球比较困难；正手追身球比较难打；削球时对中路靠右的短球比较难处理；削转球与不转球动作差别较明显。

三、发球技术

发球是比赛中每一分球的开始，是乒乓球技术中唯一不受对方制约、主动性很强的技术。一个高质量的发球，可以起到先发制人的作用。发球员在单打比赛中可以按照自己的思路站在任何位置，发出任何线路、落点、旋转的球。好的发球可以直接得分，或与自己下一板抢攻抢拉结合，构成威胁性很强的发球抢攻战术。

（一）平击发球

1. 特点与作用

平击发球是初学者最基本的发球方法，不会使球产生较强旋转，对方容易回接。

2. 动作要领

（1）正手平击发球　站在近球台中间偏右处，左脚稍前，左手掌心托球于身体前方向上抛起，抛球的同时右臂内旋向右上方引拍，拍面稍前倾。当球下降至腹前时，右臂从身体右上方向左前方挥动，击球中上部，使球的第一落点在球台的中段附近，第二落点到对方台区。击球后，手臂继续向左前方随势挥动一段后，迅速还原成准备姿势。

（2）反手平击发球　站在球台偏左处，右脚稍前或平行站立，身体略向左转，左手掌心将球置于身体左侧前方向上抛起，抛球的同时右臂外旋向身体左后方引拍，拍面稍前倾。当球下降至胸前时，球拍向右前下方挥动，击球中上部，使球击出后的第一落点在球台中段区域，越过球网落至对方台区。击球后，手臂和手腕继续向右前方随势挥动并迅速还原成准备姿势。

（二）发转球与不转球

1. 正手发转球与不转球

（1）特点与作用　球速较慢，前冲力小，旋转反差较大。用相似的手法迷惑对方，发出旋转反差较大的强烈下旋与不转球，造成对手判断错误而直接得分或为第三板进攻创造机会。下旋加转发球与不转球配套使用时，由于发球手法近似，易使对方回接下网、出界或出高球。

（2）动作要领　左脚稍前站立，左手掌心托球于身体右侧前方向上抛球，抛球的同时执拍手前臂向后上方引拍，手腕适当外展，手臂放松，腰部向右转动，拍面后仰。当球下降至腹前时，前臂迅速向前下方挥动，使球的第一落点在本方台区，越网后落至对方台区。发球后，手臂继续向左前下方随势挥动，随后迅速还原。

发转球时，拍面后仰，用球拍的下半部摩擦球的中下部，在触球瞬间加强手腕的爆发力向球底部摩擦，使球产生较强下旋。

发不转球时，拍面稍后仰，用球拍的中上部去碰击球的中部或中下部，主要是拍与球接触的一瞬间，球拍向前撞击，手腕用力较小，减少向下的摩擦力。

2. 反手发转球与不转球

（1）特点与作用　反手发下旋加转球时，往往与反手不转球相配套。快攻打法选手多采用此种发球。在落点上运用直线、斜线、长线、短球的巧妙结合，有利于第三板抢攻。

（2）动作要领　右脚稍前或平行站立，身体略向左转动，左手掌心托球置于身体左前方向上抛球，抛球的同时右臂内旋，向左后上方引拍，身体向左适当转动，拍面后仰。当球下降至腹前时，前臂加力向左前下方发力。若发长球，第一落点靠近本方球台端线，第二落点至对方台面端线附近；若发短球，第一落点靠近球网，第二落点至对方台面近网处。击球后，手臂继续向右前下方随势挥动并迅速还原。

发转球时，拍面后仰，用球拍的前半部去摩擦球的中下部，在触球瞬间加强手腕向球底部的摩擦力（见图 5-2）。

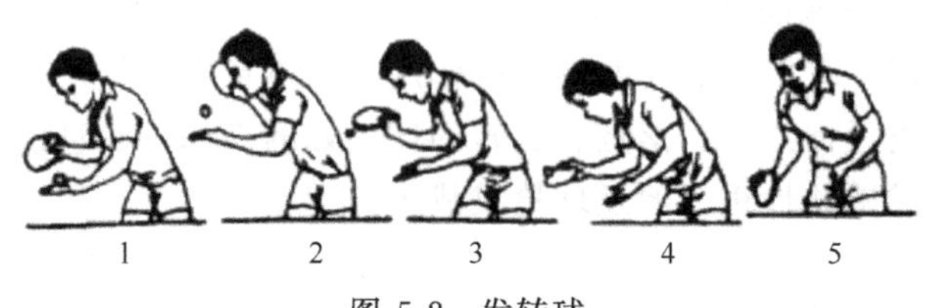

图 5-2　发转球

发不转球时，拍面稍后仰，用球拍的后半部去碰击球的中部或中下部，主要是拍与球接触的一瞬间，用球拍向前撞击，减少向下的摩擦力（见图 5-3）。

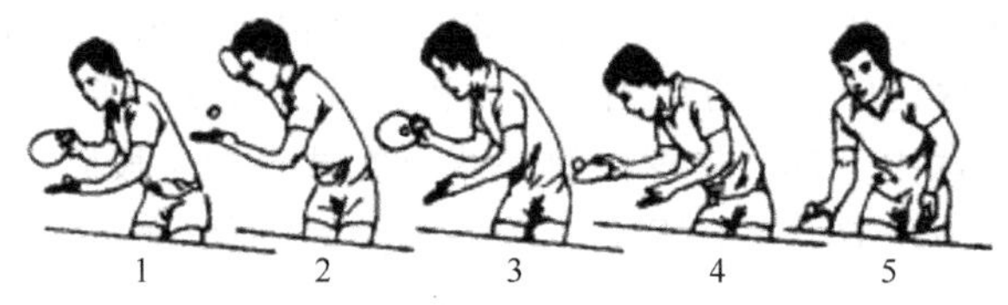

图 5-3　发不转球

（三）正手发左侧上（下）旋球

1. 特点与作用

正手发左侧上（下）旋球，是运动员在比赛中运用较多的发球方法。这种发球以旋转变化为主，飞行弧线向对方左侧偏拐。使用近似手法发出两种不同旋转的球，能起到迷惑对方的作用。

2. 动作要领

一般站在球台左侧，左脚在前，身体半侧对球台，左手掌心托球置于身体右前方，然后向上抛球。抛球的同时执拍手外旋，向身体右上方引拍，身体向左适当转动，手腕外展，拍面稍后仰。当球下降至腹前时，手臂迅速从右上方向左下方挥动，在球拍触球的瞬间加大前臂、手腕的爆发力，增强球的旋转。击球后，手臂继续向左方随势挥动，然后迅速还原（图 5-4）。

发左侧上旋球时，球拍触球瞬间手腕快速向左上方转动，同时食指用力压拍肩使拍面接近垂直摩擦球体中部。

发左侧下旋球时，球拍触球瞬间手臂快速向左下方挥动，拍面保持后仰状态，手腕内屈，球拍尽量从球的中下部向底部摩擦球体。

（四）反手发右侧上（下）旋球

1. 特点与作用

反手发右侧上（下）旋球以旋转变化为主，飞行弧线向对方的右侧偏拐，可以运用近似手法发出两种不同旋转的球，能起到迷惑对手的作用。

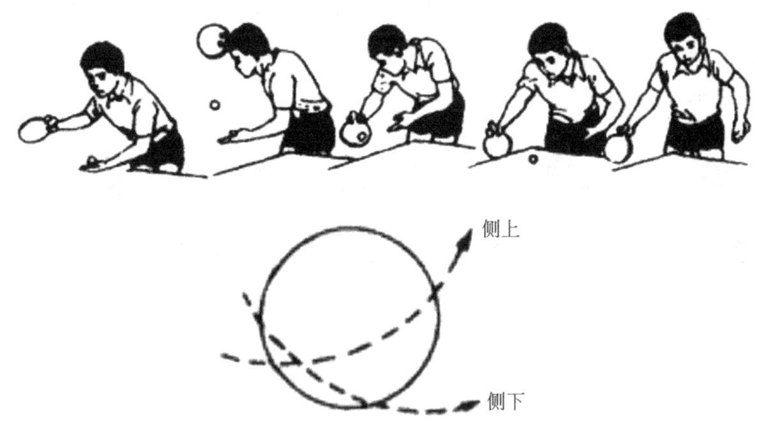

图 5-4　正手发左侧上（下）旋球

2. 动作要领

站在左半台，右脚稍前或平行站立，左手掌心托球置于身体左前方向上抛球，抛球的同时执拍手向左后方引拍，腰略向左转，使拍面保持稍后仰状态。当球下降至腹前时，手臂迅速从左后方向右上方挥动，在触球瞬间加大前臂、手腕的爆发力，同时配合转体。腰、臂协调发力，有利于加大发球的速度或旋转（图 5-5）。

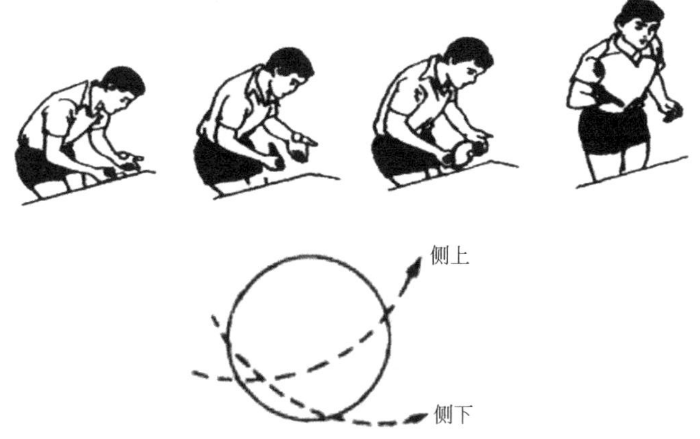

图 5-5　反手发右侧上（下）旋球

发右侧上旋球时，球拍触球瞬间手腕向右上方转动，使拍从球的中部向右上方摩擦球体。

发右侧下旋球时，球拍触球瞬间手腕向右下方转动，拍面保持后仰，摩擦球体中下部。

（五）奔球

1. 特点与作用

球速快，落点长，冲力强，球的飞行弧线低，角度大且突然性强。根据战术需要，若有目的地要与对方形成中、远台相持球时，采用此种发球很有效。

2. 动作要领

（1）正手发奔球　左脚稍前，身体略向右偏转，左手掌心托球置于身体右侧前方，当左手将球向上抛起时，右臂内旋，使拍面角度稍前倾，前臂自然下垂；肘关节略高于前臂，向身体右后方引拍。当球下降至腹前时，上臂带动前臂由右后方向左前方挥动，触球瞬间运用手腕的弹击力量击球，第一落点靠近端线，第二落点至对方球台端线附近。击球后，手臂继续向左前方挥动并迅速还原（图 5-6）。

图 5-6 正手发奔球

（2）反手发奔球 右脚稍前或平行站立，身体略向左转动，左手掌心托球置于身体左侧前方，左手将球向上抛起时，执拍手臂外旋，使拍面保持稍前倾状态。上臂自然靠近身体，手腕适当放松，向左后方引拍。当球下降至腹前时，右臂以肘关节为轴，上臂带动前臂由左后方向右前方挥动，腰部配合从左向右转动，击球中上部，触球一瞬间前臂加速向右前方挥动。球击出后第一落点靠近球台端线，第二落点至对方台区端线附近。击球后，手臂继续向右前上方挥动并迅速还原。

3. 接发球

在一局比赛中接发球的机会和发球相同。如果接发球能力较差，不仅给对方较多的进攻机会，而且在处理关键球时会延误战机，影响全局。

技术方法：接发球常用推、搓、削、拉、抽等方法来回击。推、搓、削是靠旋转和变化落点去抑制对方攻势的，并带有一定的防御性质。拉球和抢攻时可以直接破坏对方的攻势，打法上积极主动。所以，在接发球时应根据不同的情况做到时搓时拉，忽攻忽守，只有这样才能充分掌握比赛的主动权。

接发球首先应根据对方发球时的位置来决定站位。如对方在右方正手发球，接发球者应站在中间靠右；对方在左面反手发球，接发球者则应站在中间靠左。同时，接发球时，还要密切注意对方发球的挥拍动作、球拍移动方向以及触球瞬间用力的大小，以正确地判断对方发球的性质和落点，及时用相应的、正确的方法回击。例如，在接上旋球时，应用快速推挡或正反手攻球来回接球，拍面适当前倾，击球的中上部。接下旋球时，应拍面后仰，搓击或拉抽球的中下部。而接左、右侧旋球时，则必须将球回击到对方球拍移动的相反方向。如对方向左挥拍，接发球方就应击向右方；对方向右挥拍，就击向左方。回接左侧上、下旋球时，对左侧上旋球应将球拍向左前下方击球；对左侧下旋球则应向左前上方提拉击球。

四、直拍推挡与横拍快拨技术

直拍推挡球是直拍打法反手重要的基本技术，具有站位近、速度快、稳定性强的特点。其种类包括平挡、快推、加力推、减力挡、推下旋等。

（一）平挡

1. 特点与作用

球速快，力量轻，动作简单，容易掌握。它可以帮助初学者熟悉球性，认识击球特点，提高控制球的能力。

2. 动作要领

选位：左脚稍前或两脚平行站立，身体距离球台40厘米左右，不持拍手臂自然弯曲，持拍手将拍置于腹前。

引拍：来球落台后，将球拍引至身体前方，食指用力，使拍面接近垂直。

击球：当来球跳至上升后期或高点期时，球拍向前推出，击球的中部，主要借助来球的反弹力将球挡回。

击球后：手臂随势前送一段，然后迅速还原。

（二）快推

1. 特点与作用

站位近，速度快，线路变化灵活，稳定性强。可用于回击对方的推挡球、中等力量的攻球和一般的拉球，是推挡球中最常用的一项技术。

2. 动作要领

选位：左脚稍前，身体距球台约40厘米，呈基本姿势站立。

引拍：来球落台后，迅速将球拍引向身体，食指用力压拍肩呈稍前倾状态。

击球：当来球跳至网高时，球拍快速向前方推出，手腕略外旋，在上升期击球中上部，身体重心略前移。

击球后：球拍随势向前送一段，然后迅速还原成基本姿势。

（三）加力推

1. 特点与作用

可发挥手臂的推压动作，回球力量较大，速度快，落点长。合理运用加力推能改变击球节奏，调动对方，争取主动。它适用于对付速度较弱、旋转较弱的上旋球或力量较轻、落台后反弹比球网稍高的来球。

2. 动作要领

选位：左脚稍前站立，身体距球台40～50厘米。

引拍：击球前上臂后拉，前臂上提，肘关节略靠近身体，球拍位置稍高，保持拍面前倾。

击球：当来球跳至上升后期或高点期时，球拍快速触击球的中上部，前臂、手腕加速向前下方推压，同时蹬腿，转腰配合发力，重心前移。

击球后：手臂继续向前下方挥动，身体重心移至左脚上，然后迅速还原成基本姿势。

（四）减力挡

1. 特点与作用

回接对方的前冲弧圈球时多用减力挡，可以减缓来球的冲力，以击球借力为主，速度较慢，可以破坏对方击球节奏，遏制其攻势。

2. 动作要领

选位：左脚稍前或平行站立，身体距球台约50厘米。

引拍：根据来球落点调整身体位置，使身体基本正对来球，前臂略上提，食指压拍，拍面稍前倾。

击球：当球反弹约与网高时，保持拍面角度，在触球瞬间前移动作骤停或拍面略向后撤，借助来球的冲力使球回到对方台面。

击球后：手臂随势回收，还原成基本姿势。

（五）推下旋

1. 特点与作用

推出的球略带下旋，常因战术需要配合使用。初学者不宜多用，以免影响动作的掌握。

2. 动作要领

选位：以基本姿势站立。

引拍：击球前向后上方引拍，拍形保持略后仰状态。

击球：当球反弹至上升后期或高点期时，球拍向前下方用力摩擦球体的中部，向下的力量应大于向前的力量，以压低回球弧线。

击球后：迅速调整重心，还原成基本姿势。

（六）横拍反手快拨

1. 特点与作用

快拨是横拍反手的主要技术，其特点是发力协调，击球速度快，落点变化灵活。

2. 动作要领

选位：两脚基本平行站立，膝关节微屈中线偏左 1/3 处，重心置于两脚之间。

引拍：击球前，手臂自然弯曲，前臂略外旋，手腕稍内收，保持拍面稍前倾，将球拍引至腹前偏左的位置。

击球：当来球跳至上升期，前臂主动前迎触球时，加快前臂挥摆速度以适当摩擦球体中上部，并配合前臂外旋、手腕外展，身体重心随势略前移，前臂向右前方挥拍。

击球后：随势挥拍动作不宜太大，迅速还原成基本姿势。

五、攻球技术

攻球是最重要的一项基本击球技术，是最具有威慑力的得分手段。下面以右手持拍为例进行介绍。攻球时，两脚左右开立略比肩宽，两膝微屈，左脚稍前，身体略右转，重心在右脚。前臂自然弯曲，手腕放松，球拍呈半横状，拍形与台面垂直或前倾。击球时，右脚用力蹬地，身体略左转，带动手臂向前挥拍迎球，在来球的上升期或最高点击球的中上部。触球瞬间，前臂用力收缩，以向前打为主、略带摩擦。触球后因惯性作用，球拍挥至头右侧，身体重心移至左脚，此时为了转入回击下板球，应调整身体重心，并密切注视对方的击球动作（见图 5-7）。

图 5-7　攻球

六、搓球技术

搓球是近台还击下旋球的一种基本技术，比赛中经常用搓转与不转球和快慢的变化，为攻球、拉弧圈球创造进攻的机会。搓球分为反手搓球和正手搓球。下面以右手持拍为例进行

介绍。反手搓球时，两脚平行站立，距离台面 50 厘米左右。当来球将落台面时，大臂开始向胸前右侧贴近，略下垂。拍柄与小臂成直线，球拍置于胸前，后仰与球台约呈 100°。击球时，小臂引拍由后向前下方发力，做铲击动作（半圆弧动作）。球拍触球的一瞬间，手腕配合小臂向前下方抖动球拍，擦击球的中下部，将球击出。正手搓球时，站位与反手搓球相同。大臂引向身体右侧，小臂持拍外伸，迎向来球方向。球拍后仰与球台呈 100°，等来球从台面反弹至最高点时，小臂向前、向内收缩发力，同时手腕配合由外向内扭动，球拍由右上方向左前下方削击来球。触球时，手腕协助加快球拍的擦击速度，摩擦球后下部，将球击出（见图 5-8）。

图 5-8　搓球

七、削球技术

削球是一项重要的防守技术，它能通过旋转和落点的变化，直接得分或在调动对方的情况下，伺机反攻。削球分为正手削球和反手削球。正手削球又分为正手远削和正手近削。下面以右手持拍为例进行介绍。正手远削时，两脚开立，右脚在后，身体距离台面 1 米以外，两膝弯曲，上体稍向右转，重心放在右脚上，手臂自然弯曲，引拍至右肩侧。击球时，手臂向左前下方挥动，拍面后仰，在拍与球接触时，前臂加速削击，手腕配合转动，在来球下降期摩擦球的中下部。击球后，迅速还原，准备下一次击球。正手近削时，动作和正手远削差不多，只是其站位离台面较近，手腕用力要比远削大，使球的旋转较快。反手远削时，两脚开立，右脚在前，两膝微屈，上体略向左转，重心放在左脚上，引拍至左肩侧。击球时，上臂带动前臂向右前下方挥动，拍面后仰，手腕跟着前臂用力的方向转动，在来球下降期摩擦球的中下部，将球削出，重心移至右脚。击球后，迅速还原，准备下一次击球。反手近削时，由于大臂受身体阻碍，所以削球动作主要靠小臂和手腕来完成，动作比反手远削快些。

八、弧圈球技术

弧圈球是一种非常强的进攻技术，它从 20 世纪 60 年代出现至今已有了很大的发展，现今已为各国运动员所广泛采用。弧圈球可分为加转弧圈球、前冲弧圈球和侧旋弧圈球等，并且正、反手均可拉。下面以右手为例对正手拉加转弧圈球、正手拉前冲弧圈球的技术方法作简单介绍。正手拉加转弧圈球时，两脚左右开立，左脚在前，右脚稍后，两膝微屈，身体略右转，带动手臂向右后下方引拍，手腕稍向后拉，球拍低于来球。击球时，右脚掌内侧蹬地，稍伸膝，以身体的左转带动手臂由后向前挥动。击球瞬间，快速收缩前臂，击球的中部或中上部，撞击后迅速转为向前上方摩擦球。球出手后，因惯性作用球拍摆至头前才逐渐停止，身体重心随之移到左脚。此时，应用一小跳步使身体重心还原，准备下次击球。正手拉前冲弧圈球时，两脚左右开立，左脚在前，右脚稍后，两膝微屈，身体略右转，向右后方引

拍，身体重心比拉加转弧圈球时稍高，球拍与来球同高或稍低于来球。挥拍击球时，身体、前臂及手腕应向左前方发力，击球的中上部；击球瞬间应将向前的撞击与摩擦球动作融为一体，前臂用力收缩，手腕要有适当的摩擦。击球时间一般为上升后段。

第二节 乒乓球运动战术

所谓乒乓球运动战术，是指乒乓球运动员在比赛中为战胜对手所采取的计谋和行动。这些计谋和行动是以技术为基础的，一个运动员基本技术越全面、扎实，他的战术运用就越灵活多样。反过来，随着战术的变化和发展，又可以促进技术不断革新和提高。

一、乒乓球运动战术运用的基本原则

制订一套正确的战术，既要“知己知彼”，又要“以我为主”。因此，在制订战术之前，应对对手做一番比较全面的了解，要抓住对手最基本的东西，然后根据自己的特点来制订战术。所以战术运用的基本原则是：对己是“扬长避短”，对彼是“避长攻短”。但在运用时还必须要有的放矢，随机应变，有时也可以“以长制长”“以短制短”。此外，还要针对临场的比赛情况灵活运用战术，有时还要作必要的战术调整。

二、基本战术

（一）发球抢攻战术

发球抢攻是快攻类打法力争主动，先发制人的一项战术，是我国乒乓球运动员的重要战术之一，同时也是比赛的重要得分手段。具体的发球抢攻战术有以下几套：正手发转与不转球后抢攻；侧身正手发高、低抛左侧上、下旋球后抢攻；反手发右侧上、下旋球后抢攻；反手发急球后抢攻；下蹲发球抢攻；正手发急球后抢攻。

（二）对攻战术

两名进攻型选手相遇，形成攻对攻的局面时，常采用下列战术：紧压对方反手，伺机正手抢攻或侧身攻；压左调右；压中路配合压两角，伺机抢攻；调右压左。

（三）拉攻战术

拉攻是进攻型打法对付削球打法的主要战术，即用拉球找机会，然后伺机扣杀。其战术主要包括以下几个方面：拉一角，杀另一角或中路，这是拉攻的常用战术；拉中路杀两角或拉两角杀中路；拉斜线杀直线或拉直线杀斜线；变化拉球旋转，伺机扣杀；拉搓、拉吊和长短球结合，伺机扣杀。

（四）削中反攻战术

削中反攻是削球手常用的战术之一，其反攻方法主要有：①削转球与不转球后伺机反攻。削球选手尽量用相似的动作削出强烈下旋和近似不转的球，迫使进攻型选手直接失误或为削球者提供反攻机会。②紧逼一角，突袭空当。先用加转球逼住对方左角，在对方重心位置逐渐左移时，突然送球至右方。③削、挡结合伺机反攻。削球中突然上步挡一板到对方空当，然后伺机抢攻；也可以在削球中突然轻挡一板，变化回球旋转性质，使对方难以判断，伺机抢攻。④削球中配合拉弧圈球伺机反攻。

(五) 搓攻战术

随着弧圈球技术的发展，搓攻战术变得越来越简单，多搓一板，对方就会抢攻在先。所以，搓攻的正确战术指导思想是尽量少搓，力争抢攻。常用搓攻战术有：①搓对方进攻的薄弱环节，自己抢先进攻；②先搓反手大角，再变直线，伺机进攻；③搓转与不转球后抢攻。

第六章
太　极　拳

第一节　太极拳简介

太极拳，国家级非物质文化遗产，是以中国传统儒、道哲学中的太极、阴阳辩证理念为核心思想，集颐养性情、强身健体、技击对抗等多种功能为一体，结合易学的阴阳五行之变化、中医经络学、古代的导引术和吐纳术形成的一种内外兼修、柔和、缓慢、轻灵、刚柔相济的汉族传统拳术。

传统太极拳门派众多，常见的太极拳流派有陈式、杨式、武式、吴式、孙式、和式等派别，各派既有传承关系，相互借鉴，也各有自己的特点，呈百花齐放之态。由于太极拳是近代形成的拳种，流派众多，群众基础广泛，因此成为中国武术拳种中非常具有生命力的一支。太极拳又是一项全面的系统工程，是一种具有汉族传统文化特色的综合性学科，它涉及人与社会、人与自然以及与人体本身有关的问题，包括古典文学、物理学、养生学、医学、武学、生理学、心理学、运动生物力学等。太极拳在技击上别具一格，特点鲜明。它要求以静制动，以柔克刚，避实就虚，借力发力，主张一切从客观出发，随人则活，由己则滞。“彼未动，己先动”“后发先至”，将对手引进，使其失重落空，或者分散转移对方力量，乘虚而入，全力还击。太极拳的这种技击原则，体现在推手训练和套路动作要领中，不仅可以训练人的反应能力、力量和速度等身体素质，而且在攻防格斗训练中也有十分重要的意义。太极拳技击法以“引化合发”为主要技击过程。技击中，由听劲感知对方来力大小及方向，“顺其势而改其路”，将来力引化掉，再借力发力。太极拳有八种劲：掤、捋、挤、按、采、挒、肘、靠。太极拳也是一种技击术。其特点是“以柔克刚，以静待动，以圆化直，以小胜大，以弱胜强”。

太极拳动作柔和、速度较慢、拳式并不难学，而且架势的高或低、运动量的大小都可以根据个人的体质而有所不同，能适应不同年龄、体质的需要，并非年老弱者专利。无论是理论研究还是亲身实践，无论是提高技艺功夫，还是益寿养生，都能练习太极拳，并从中获取各自需要。太极拳松沉柔顺、圆活畅通、用意不用力的运动特点，既可消除练拳者原有的拙力僵劲，又可避免肌肉、关节、韧带等器官的损伤性。既可改变人的用力习惯和本能，又可避免因用力不当和呼吸不当引起的胸闷紧张、气血受阻的可能性。

第二节　二十四式简化太极拳

一、二十四式简化太极拳简介

太极拳是武术的内容之一，它是一种柔和、缓慢、轻灵的拳术。它的动作圆活并处处带

有弧形，绵绵不断如行云流水。二十四式太极拳也叫简化太极拳，是现为国家体育总局于1956年组织太极拳专家汲取杨式太极拳之精华编串而成的。

1. 运动特点

① 二十四式太极拳保留了杨式太极拳的传统风格，架势开展宽大，中正安舒，轻松柔和，圆活沉稳，寓刚于柔。

② 保持了杨式太极拳的基本技法，但删去了原来传统套路中的重复动作。套路中的招式编排由简到繁，布局循序渐进，先易后难，利于学习。

③ 从外形上看，有“松、柔、圆、缓、匀”等特点。其运动特点是：心静体松、呼吸自然、轻灵沉着、圆活连贯、上下相随、虚实分明、柔中寓刚、以意导动。

2. 练习要求

太极拳是一种靠全身各部位紧密配合完成动作的健身运动，因此，要练好太极拳，就必须清楚太极拳对身体各部位姿势的要求。同时注意“心理安静”“精神集中”“以意识引导动作”，以达到身心合一的目的。

（1）头部　练习太极拳时，对头部姿势的要求是自然上顶，避免颈部肌肉硬直，不要东偏西歪或左右摇晃。头颈动作应随着身体位置和方向的变换，与身体躯干的旋转上下连贯协调一致。面部肌肉放松，表情自然，下颌向里收回，用鼻呼吸。口唇自然闭合。眼神要随着身体的转动，注视手指所向或平视前方，神态力求自然，注意力一定要集中，不可旁视，眼神转向何处，颈部也要随着转动，否则会影响锻炼效果。

（2）胸背　太极拳要求“含胸拔背”，即胸部肌肉自然放松微微内含，两肩松沉微向前合，不要挺胸。背部肌肉向下松沉，随着两臂伸展动作，尽量地舒展开，不要紧张，呼吸自然。

（3）腰脊　练习太极拳，对腰部的要求是松、沉、直。腰部是身体转动的关键，对全身动作的变化、调整和稳定重心起着非常重要的作用。练习时，无论进退或旋转，凡是由虚而逐渐落实的动作，腰部都要有意识地向下松垂，以助内气下沉丹田。腰部下沉时，注意要身体端正腰部要直，腰腹部不可前挺或后屈，以免影响转换时的灵活性。腰部向下松沉，还可以增加两腿力量，稳固底盘，使得动作圆活连贯，并有利于深长的腹式呼吸。

（4）臀部　练习太极拳时要求“敛臀”，注意臀部向里收进，避免臀部凸出或左右扭动，以保持身体的中正。

（5）腿部　练习太极拳要求腿部动作要正确、灵活、稳当，要特别注意重心转移、脚放的位置、腿弯曲的程度、两腿的虚实变化以及整个套路动作的前后衔接。腿部活动时，总的要求是松胯、屈膝、两脚轻起轻落，使下肢动作轻、稳、进退灵便。迈步时，一条腿支撑身体的重量，稳定重心；然后另一条腿缓缓迈出，注意虚实分明，避免双腿承受身体重量。脚的起落，要轻巧灵活。前进时，脚跟先着地；后退时，脚掌先着地，然后慢慢踏实。横步时，侧出腿先落脚尖，然后脚掌、脚跟随依次落地。跟步、垫步都是先落脚尖或脚掌。蹬脚、分脚的动作，宜慢不宜快（个别动作除外），应保持身体平衡稳定。

（6）手臂　太极拳对手臂的要求是沉肩垂肘，使肩、肘两个相关联的关节放松。练习太极拳时，注意肩关节向下松沉，并有意识地向外伸，使手臂有回旋的余地。太极拳的手臂一伸一屈都不是平出平入、直来直往的，而是柔和有韧性地表现出来。对手的动作要求是：凡是收掌动作，手掌应微微含蓄，但不可软化、飘浮。出掌要自然，手指要舒展。拳要松握，不要太用力。手和肩的动作是完整一致的。如果手过度向前伸，就容易把臂伸直，达不到

“沉肩垂肘”的要求；而过分地沉肩垂肘，忽略了手的向前伸，又容易使臂部过于弯曲。总之，动作时，臂部始终要保持一定的弧度，推掌、收掌动作都不要突然断劲，这样才能做到既有节分又能连绵不断，轻而不浮，沉而不僵，灵活自然。

二、动作名称

① 起势	⑨ 单鞭	⑰ 右下式独立
② 左右野马分鬃	⑩ 左右云手	⑱ 左右穿梭
③ 白鹤亮翅	⑪ 单鞭	⑲ 海底针
④ 左右搂膝拗步	⑫ 高探马	⑳ 闪通臂
⑤ 手挥琵琶	⑬ 右蹬脚	㉑ 转身搬拦捶
⑥ 左右倒卷肱	⑭ 双峰贯耳	㉒ 如封似闭
⑦ 左揽雀尾	⑮ 转身左蹬脚	㉓ 十字手
⑧ 右拦雀尾	⑯ 左下式独立	㉔ 收势

三、动作说明与图示

1. 起势

① 身体自然直立，两脚开立，与肩同宽，脚尖向前；两臂自然下垂，两手放在大腿外侧；眼向前平视（见图 6-1）。

② 两臂慢慢向前平举，与肩同高、同宽，手心向下（见图 6-2、图 6-3）。

③ 两腿屈膝下蹲，同时，两掌轻轻下按置于两腹前（见图 6-4）。

图 6-1　起势一

图 6-2　起势二

图 6-3　起势三

图 6-4　起势四

2. 左右野马分鬃

① 上体微右转，重心移到右腿上，同时，右臂收在胸前平屈，手心向下，左手经体前向右下画弧放在右手下，手心向上，两手成抱球状，左脚收到右脚内侧，脚尖点地（见图 6-5、图 6-6）。

② 上体微向左转，左脚向左前方迈出一步，同时，上体向左转，左右手随转体慢慢分别向左上右下分开，左手高于眼前，手心斜向上，肘微屈，右手落在右胯旁，肘微屈手心向下（见图 6-7～图 6-9）。

③ 上体慢后坐，身体重心移到右腿，左脚外撇约 45°，随后重心移至左腿；同时，左手翻掌心向下，左臂收在胸前平屈，右手向左上画弧放在左手下，两手心相对成抱球状，右脚收到左脚内侧，脚尖点地（见图 6-10～图 6-12）。

④ 右脚向右前方迈出，成右弓步；同时上体右转，左右手随转体分别慢慢向左下右

上分开，右手高于眼平（手心斜向上），肘微屈，左手落在左胯旁，手心向下（见图 6-13、图 6-14）。

图 6-5　左右野马分鬃一

图 6-6　左右野马分鬃二

图 6-7　左右野马分鬃三

图 6-8　左右野马分鬃四

图 6-9　左右野马分鬃五

图 6-10　左右野马分鬃六

图 6-11　左右野马分鬃七

图 6-12　左右野马分鬃八

图 6-13　左右野马分鬃九

图 6-14　左右野马分鬃十

⑤ 与③解同，只是左右相反（见图 6-15～图 6-17）。

⑥ 与④解同，只是左右相反（见图 6-18、图 6-19）。

图 6-15　左右野马分鬃十一

图 6-16　左右野马分鬃十二

图 6-17　左右野马分鬃十三

图 6-18　左右野马分鬃十四

图 6-19　左右野马分鬃十五

3. 白鹤亮翅

① 上体微向左转，左手翻掌心向下，右手向左上画弧，手心向上，与左手成抱球状（见图 6-20）。

② 右脚跟进半步，上体后坐，身体重心移至右腿；左脚稍向前移，脚尖点地；同时，两手慢慢地分别向右与左下分开，右手上提停于头部右侧（偏前），手心向左后方，左手落于左胯前，手心向下（见图 6-21、图 6-22）。

图 6-20　白鹤亮翅一

图 6-21　白鹤亮翅二

图 6-22　白鹤亮翅三

4. 左右搂膝拗步

① 右手从体前下落，由下向后上方划弧至右肩外侧，臂微屈，手与耳同高，手心向上。左手上提由左下向上、向右画弧至右胸前，手心向下；同时，上体先微向左转，再向右转。眼视右手（图 6-23～图 6-25）。

② 上体左转，左脚向前（偏左）迈出成左弓步。同时，右手屈肘回收由耳侧向前推出，高与鼻尖平；左手向下由左膝前落于左胯旁。眼视右手手指（见图 6-26、图 6-27）。

图 6-23　左右搂膝拗步一

图 6-24　左右搂膝拗步二

图 6-25　左右搂膝拗步三

图 6-26　左右搂膝拗步四

图 6-27　左右搂膝拗步五

③ 上体慢慢后坐，重心移至右腿上，左脚尖翘起微向外撇；随即左腿慢慢前弓，身体左转，重心移至左腿上，右脚向左脚靠拢，脚尖点地。同时，左手向外翻掌由左后向上平举，手心向上；右手随转体向上、向左下画弧落于左肩前，手心向上。眼视左手（见图 6-28～图 6-30）。

④ 与②解同，只是左右相反（图 6-31、图 6-32）。

图 6-28　左右搂膝拗步六

图 6-29　左右搂膝拗步七

图 6-30　左右搂膝拗步八

图 6-31　左右搂膝拗步九

图 6-32　左右搂膝拗步十

⑤ 与③解同，只是左右相反（见图 6-33～图 6-35）。

⑥ 与②解同（见图 6-36、图 6-37）。

图 6-33　左右搂膝拗步十一

图 6-34　左右搂膝拗步十二

图 6-35　左右搂膝拗步十三

图 6-36　左右搂膝拗步十四

图 6-37　左右搂膝拗步十五

5. 手挥琵琶

右腿跟进半步，上体后坐，身体重心移至右腿上，左脚略提起稍向前移，变成左虚步，脚跟着地，膝部微屈。同时，左手由左下向上举，高与鼻尖平，臂微屈；右手收回放在左肘里侧。眼视左手食指（见图 6-38～图 6-40）。

图 6-38　手挥琵琶一

图 6-39　手挥琵琶二

图 6-40　手挥琵琶三

6. 左右倒卷肱

① 右手翻掌（手心向上）经腹前由下向上方画弧平举，臂微屈；左手随之翻掌向上，左脚跟落地，眼随着向右转体先向右看，再转看左手（见图 6-41、图 6-42）。

② 右臂屈肘回收，右手由耳侧向前推出，手心向前；左手回收经左肋外侧向后上画弧平举，手心向上；左手随之再翻掌向上，同时，左腿轻轻提起向左后方退一步，脚尖先着地，然后慢慢踏实，重心在左腿上，成右虚步。眼随转体左看，再转看右手（见图 6-43、图 6-44）。

③ 与①解同，只是左右相反（见图 6-45）。

图 6-41　左右倒卷肱一

图 6-42　左右倒卷肱二

图 6-43　左右倒卷肱三

图 6-44　左右倒卷肱四

图 6-45　左右倒卷肱五

④ 与②解同，只是左右相反（见图 6-46、图 6-47）。

⑤ 与①解同（见图 6-48）。

⑥ 与②解同（见图 6-49、图 6-50）。

图 6-46　左右倒卷肱六

图 6-47　左右倒卷肱七

图 6-48　左右倒卷肱八

图 6-49　左右倒卷肱九

图 6-50　左右倒卷肱十

⑦ 与①解同，只是左右相反（见图 6-51）。

⑧ 与②解同，只是左右相反（见图 6-52、图 6-53）。

图 6-51　左右倒卷肱十一

图 6-52　左右倒卷肱十二

图 6-53　左右倒卷肱十三

7. 左揽雀尾

① 上体微向右转，同时，右手随转体向后上方画弧平举，手心向上，左手放松，手心向下；眼看左手（见图 6-54）。

② 上体继续右转，左手自然下落，逐渐翻掌经腹前画弧至右肋前，手心向上；右臂屈肘，手心转向下，收至右胸前，两手相对成抱球状；同时，身体重心落在右腿上，左脚收到右脚内侧，脚尖点地；眼看右手（见图 6-55、图 6-56）。

③ 上体微向左转，左脚向左前方迈出，上体继续向左转，右腿自然蹬直，左腿屈膝，成左弓步；同时，左臂向左前方掤出，高与肩平，手心向后；右手向右下落放于右胯旁，手心向下，指尖向前；眼看左前臂（见图 6-57、图 6-58）。

图 6-54　左揽雀尾一

图 6-55　左揽雀尾二

图 6-56　左揽雀尾三

图 6-57　左揽雀尾四

图 6-58　左揽雀尾五

④ 上体微向左转，左手随即前伸翻掌向下；右手翻掌向上，经腹前向上、向前伸至右前臂下方；然后两手下捋，即上体向右转，两手经腹前向右后上方画弧，直至右手手心向上，高与肩齐，左臂平屈于胸前，手心向后；同时，身体重心移至右腿；眼看右手（见图 6-59、图 6-60）。

⑤ 上体微向左转，右臂微屈折回，右手附于左手腕里侧，上体继续左转，双手同时向前慢慢挤出，左手心向右，右手心向前，左前臂要保持半圆；同时，身体重心逐渐前移变成左弓步，眼看左手手腕部（见图 6-61、图 6-62）。

图 6-59　左揽雀尾六

图 6-60　左揽雀尾七

图 6-61　左揽雀尾八

图 6-62　左揽雀尾九

⑥ 左手翻掌，手心向下，右手经左腕上方向前，向右伸出，高与左手齐，手心向下，两手左右分开，宽与肩同；然后右腿屈膝，上体慢慢后坐，身体重心慢慢移至右腿上，左脚尖跷起；同时，两手屈肘回收至腹前，手心均向前下方，眼看前方（见图 6-63～图 6-65）。

⑦ 上势不停，身体重心慢慢前移；同时，两手向前，指尖向上，掌心向外；左腿前弓成左弓步，眼向前平视（见图 6-66）。

8. 右揽雀尾

① 上体后坐并向右转，身体重心移至右腿，左脚尖里扣；右手向右平行画弧至右侧，然后由右下经腹前向左上画弧至左肋前，手心向上，左臂平屈胸前，左手掌向下与右手成抱

球状；同时，身体重心再移至左腿上，右脚收至左脚内侧；脚尖点地，眼看左手（见图6-67～图6-70）。

图 6-63 左揽雀尾十

图 6-64 左揽雀尾十一

图 6-65 左揽雀尾十二

图 6-66 左揽雀尾十三

② 同“左揽雀尾”③解，只是左右相反（见图 6-71、图 6-72）。

图 6-67 右揽雀尾一

图 6-68 右揽雀尾二

图 6-69 右揽雀尾三

图 6-70 右揽雀尾四

图 6-71 右揽雀尾五

图 6-72 右揽雀尾六

图 6-73 右揽雀尾七

图 6-74 右揽雀尾八

图 6-75 右揽雀尾九

图 6-76 右揽雀尾十

图 6-77 右揽雀尾十一

③ 同“左揽雀尾”④解，只是左右相反（见图 6-73、图 6-74）。

④ 同“左揽雀尾”⑤解，只是左右相反（见图 6-75、图 6-76）。

⑤ 同“左揽雀尾”⑥解，只是左右相反（见图 6-77～图 6-79）。

⑥ 同“左揽雀尾”⑦解，只是左右相反（见图 6-80）。

图 6-78　右揽雀尾十二

图 6-79　右揽雀尾十三

图 6-80　右揽雀尾十四

9. 单鞭

① 上体后坐，身体重心逐渐移至左脚上，右脚尖里扣；同时上体左转，两手（左高右低）向左画弧直至左臂平举，伸于身体左侧，手心向左，右手经腹前运至右肋前，手心向后上方；眼看左手（见图 6-81、图 6-82）。

② 身体重心再渐渐移至右腿上，上体右转，左脚向右脚靠拢，脚尖点地；同时，右手向右上方画弧（手心由里转向外），至右斜前方时变勾手，略高于肩；左手向下经腹前向右上画弧停于右肩前，手心向里；眼看左手（见图 6-83、图 6-84）。

图 6-81　单鞭一

图 6-82　单鞭二

图 6-83　单鞭三

图 6-84　单鞭四

③ 上体微向左转，左脚向左前侧方迈出，右脚跟后蹬，成弓步；在身体重心移向左腿的同时，左掌随上体继续左转慢慢翻转向前推出，手心向前，手指与眼齐平，臂微屈，眼看左手（见图 6-85、图 6-86）。

图 6-85　单鞭五

图 6-86　单鞭六

10. 云手

① 身体重心移至右腿上，身体渐向右转，左脚尖里扣，左手经腹前向右上画弧至右肩前，手心斜向后，同时右手变掌，手心向右前，眼看左手（见图 6-87～图 6-89）。

② 上体慢慢左转，身体重心随之逐渐左移，左手由脸前向左侧运转，手心渐渐向左方，右手由右下经腹前向左上画弧至左肩前，手心斜向后；同时右脚靠近左脚，成小开步；眼看右手（见图 6-90、图 6-91）。

图 6-87 云手一

图 6-88 云手二

图 6-89 云手三

图 6-90 云手四

图 6-91 云手五

③ 上体再向右移，同时，左手往腹前向右上画弧至右肩前，手心斜向后；右手向右侧运转，手心翻转向右，随之左腿向左横跨一步，眼看左手（见图 6-92～图 6-94）。

④ 同②解（见图 6-95、图 6-96）。

⑤ 同③解（见图 6-97～图 6-99）。

⑥ 同②解（见图 6-100、图 6-101）。

图 6-92 云手六

图 6-93 云手七

图 6-94 云手八

图 6-95 云手九

图 6-96 云手十

图 6-97 云手十一

图 6-98 云手十二

图 6-99 云手十三

图 6-100 云手十四

图 6-101 云手十五

11. 单鞭

单鞭：动作分解：转体扣脚云手、勾手收脚、转体迈步、弓步推掌。同上解（见图 6-102～图 6-106）。

图 6-102 单鞭一

图 6-103 单鞭二

图 6-104 单鞭三

图 6-105 单鞭四

图 6-106 单鞭五

12. 高探马

① 右脚跟进半步，身体重心逐渐后移至右腿上；右勾手变成掌，两手心翻转向上，两肘微屈，同时，身体微向右转，左脚跟渐渐离地，眼看左前方（见图 6-107）。

② 上体微向左转，面向前方，右掌经右耳旁向前推出，手心向前，手指与眼齐高，左

手收至左侧腰前，手心向上，同时，左脚微向前移，脚尖点地，成左虚步；眼看右手（见图 6-108）。

图 6-107 高探马一

图 6-108 高探马二

13. 右蹬脚

① 左手手心向上，前伸至右手腕背面，两手相互交叉，随即向两侧分开向下画弧，手心斜向下；同时，左脚提起向左前侧方进步，身体重心前移，右脚自然蹬直，成左弓步；眼看前方（见图 6-109～图 6-111）。

图 6-109 右蹬脚一

图 6-110 右蹬脚二

图 6-111 右蹬脚三

② 两手由外圆向里圆画弧，两手交叉合抱于胸前，右手在外，手心均向后；同时，右脚向左脚靠拢，脚尖点地；眼平看右前方（见图 6-112）。

③ 两臂左右画弧分开平举，肘部微屈，手心均向外，同时，右腿屈膝提起，右脚向右前方慢慢蹬出，眼看右手（见图 6-113、图 6-114）。

图 6-112 右蹬脚四

图 6-113 右蹬脚五

图 6-114 右蹬脚六

14. 双峰贯耳

① 右腿收回，屈膝平举，左手由后向右前方下落至体前，两手心均翻转向上；两手同时向下画弧分落于右膝盖两侧，眼看前方（见图 6-115、图 6-116）。

② 右脚向右前方落下，身体重心逐渐前移成右弓步，面向右前方；同时两手下落，慢慢变拳，分别从两侧向上向前画弧至面部前方，成钳形状，两拳相对，高与耳齐，拳眼都斜向内，下眼看右拳（见图 6-117、图 6-118）。

图 6-115　双峰贯耳一

图 6-116　双峰贯耳二

图 6-117　双峰贯耳三

图 6-118　双峰贯耳四

15. 转身左蹬脚

① 左腿屈膝后坐，身体重心移至左腿，上体左转，右脚尖里扣；同时两拳变掌，由上向左右画弧分开平举，手心向前；眼看左手（见图 6-119、图 6-120）。

图 6-119　转身左蹬脚一

图 6-120　转身左蹬脚二

② 身体重心再移至右腿，左脚收到右脚内侧，脚尖点地；同时，两手由外圈向里圈画弧合于胸前，左手在外，手心均向后，眼平看左方（图 6-121、图 6-122）。

③ 两臂左右画弧分开平举，肘部微屈，手心均向外，同时，左腿屈膝提起左脚向左前方慢慢蹬出，眼看左手（见图 6-123、图 6-124）。

图 6-121　转身左蹬脚三

图 6-122　转身左蹬脚四

图 6-123　转身左蹬脚五

图 6-124　转身左蹬脚六

16. 左下势独立

① 左腿收回平屈，上体右转，右掌变成勾手，左掌向上，向右下画弧下落，立于右肩前，掌心斜向后，眼看右手（见图 6-125、图 6-126）。

图 6-125　左下势独立一

图 6-126　左下势独立二

图 6-127　左下势独立三

图 6-128　左下势独立四

② 右腿慢慢屈膝下蹲，左腿由内向侧（偏后）伸出，成左仆步，左手下落（掌心向外）向左下顺左腿内侧向前穿出，眼看左手（见图 6-127、图 6-128）。

③ 身体重心前移，以左脚跟为轴，脚尖尽量向外撇，左腿前弓，右腿后蹬，右脚尖里扣，上体微向左转体向前起身；同时，左臂继续向前伸出；掌心向右，右勾手下落，钩尖向上；眼看左手（见图 6-129）。

④ 右腿慢慢提起平屈，成左独立步；同时右勾手变掌，并由后下方顺右腿外侧向前弧形提起，屈臂停靠于右腿上方，肘与膝相对，手心向左，左手落于左胯旁，手心向下，指尖向前，眼看右手（见图 6-130、图 6-131）。

图 6-129　左下势独立五

图 6-130　左下势独立六

图 6-131　左下势独立七

17. 右下势独立

① 右脚下落于左脚前，脚掌着地，然后以左脚前掌为轴脚跟转动，身体随之左转，同时，左手向后平举变成勾手，右掌随着转体向左侧画弧，立于左肩前，掌心斜向后，眼看左手（见图 6-132、图 6-133）。

图 6-132　右下势独立一

图 6-133　右下势独立二

② 同“左下势独立”②解，只是左右相反（见图 6-134）。

③ 同“左下势独立”③解，只是左右相反（见图 6-135）。

④ 同“左下势独立”④解，只是左右相反（见图 6-136、图 6-137）。

图 6-134　右下势独立三

图 6-135　右下势独立四

图 6-136　右下势独立五

图 6-137　右下势独立六

18. 左右穿梭

① 身体微向左转，左脚向前方落步，脚尖外撇，右脚跟离地，两腿屈膝成半坐盘式；

同时，两手在左胸前成抱球状（左上右下），然后右脚收到左脚的内侧，脚尖点地；眼看左前方（见图 6-138～图 6-140）。

图 6-138 左右穿梭一

图 6-139 左右穿梭二

图 6-140 左右穿梭三

② 身体右转，右脚向前方迈出，屈膝弓腿，成右弓步；同时，右手由膝前向上举并翻掌停在右额前，手心斜向上；左手先向左下再经体前向前推出，高与鼻尖平，手心向前，眼看左手（见图 6-141～图 6-143）。

图 6-141 左右穿梭四

图 6-142 左右穿梭五

图 6-143 左右穿梭六

③ 身体重心略向后移，右脚尖稍向外撇，随即身体重心再移至右腿，左脚跟进，停于右脚内侧，脚尖点地；同时，两手在右胸前成抱球状（右上左下），眼看右前臂（见图 6-144、图 6-145）。

④ 同②解，只是左右相反（见图 6-146～图 6-148）。

图 6-144 左右穿梭七

图 6-145 左右穿梭八

图 6-146 左右穿梭九

图 6-147 左右穿梭十

图 6-148 左右穿梭十一

19. 海底针

右脚向前跟进半步，身体重心移至右腿，左脚稍向前移，脚尖点地，成左虚步；同时，

图 6-149 海底针一

图 6-150 海底针二

身体稍向右转，右手下落往体前向后，向上提到肩上耳旁，再随身体左转，从右耳旁斜向前下方插出，掌心向左，指尖斜向下；与此同时，左手向前，向下画弧落于左胯旁，手心向下，指尖向前；眼看前下方（见图 6-149、图 6-150）。

20. 闪通臂

上体稍向右转，左脚向前迈出，屈膝弓腿成左弓步；同时，右手由体前上提，屈臂上举，停于右额前上方，掌心翻转斜向上，拇指朝下；左手上提经胸前向前推出，高与鼻尖平，手心向前；眼看左手（见图 6-151～图 6-153）。

图 6-151　闪通臂一

图 6-152　闪通臂二

图 6-153　闪通臂三

21. 转身搬拦捶

① 上体后坐，身体重心移至右腿上，右脚尖里扣，身体向右后转，然后身体重心再移至左腿上；与此同时，右手随着转体向右，向下（变拳）往腹前画弧到左肋旁，拳心向下；左掌上举于额前，掌心斜向上；眼看前方（图 6-154～图 6-156）。

② 向右转体，右拳往胸前向前翻转出，拳心向上；左手落于左胯旁，掌心向下，指尖向前；同时，右脚收回后即向前迈出，脚尖外撇；眼看右拳（图 6-157）。

图 6-154　转身搬拦捶一

图 6-155　转身搬拦捶二

图 6-156　转身搬拦捶三

图 6-157　转身搬拦捶四

③ 身体重心移至右腿上，左脚向前迈一步；左手往左侧向前上画弧拦出，掌心向前下方；同时，右拳向右画弧收到右腰旁，拳心向上，眼看左手（见图 6-158）。

④ 左腿前弓成左弓步；同时右拳向前打出，拳眼向上，高与胸平，左手附于右前臂里侧；眼看右拳（见图 6-159）。

图 6-158　转身搬拦捶五

图 6-159　转身搬拦捶六

22. 如封似闭

① 左手由右腕下向前伸出，右拳变掌，两手手心逐渐翻转向上并慢慢分开回收；同时身体后坐，左脚尖翘起，身体重心移到右腿；眼看前方（见图 6-160）。

② 两手在胸前向内翻掌，向下往腹前再向上，向前推出，腕与肩平，手心向前；同时，左腿前弓成左弓步，眼看前方（见图 6-161～图 6-163）。

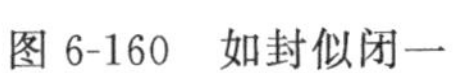

图 6-160 如封似闭一

图 6-161 如封似闭二

图 6-162 如封似闭三

图 6-163 如封似闭四

23. 十字手

① 屈膝后坐，身体重心移向右腿，左脚尖里扣，向右转体；右手随着转体动作向右摆画弧，与左手成两臂侧平举，掌心向前，肘部微屈；同时，右脚尖随着转体稍向外撇，成右侧弓步；眼看右手（见图 6-164、图 6-165）。

② 身体重心慢慢移至左腿，右脚尖里扣，随即向左收回，两脚距离与肩同宽，两腿逐渐蹬直，成开立步；同时，两手向下经腹前向上画弧交叉合抱于胸前，两臂撑圆，腕高与肩平，右手在外，成十字手，手心均向后；眼看前方（见图 6-166、图 6-167）。

图 6-164 十字手一

图 6-165 十字手二

图 6-166 十字手三

图 6-167 十字手四

24. 收势

两手向内翻掌，手心向下，两臂慢慢下落，停于身体两侧，眼看前方（见图 6-168～图 6-170）。

图 6-168 收势一

图 6-169 收势二

图 6-170 收势三

四、太极拳比赛的简要规则

① 比赛裁判组成员为裁判长 1 人，副裁判长 1 人，裁判 5 人，记时、记分员 1 人，套

路检查员 1 人；运动员结束套路演练后，5 名裁判亮分，去除最高分和最低分，取中间三个分数的平均值，即为该运动员的应得分。

② 完成一套太极拳演练，时间为 5～6 分钟，到 5 分钟时，裁判长应鸣哨示意，时间不足或超时均会被扣分。

③ 比赛规定套路时，运动员的动作应与规定动作相符；比赛自选套路时，整个套路至少要包括 4 种腿法和 6 种不同组别的动作。

④ 太极拳的评分标准总分为 10 分，其中动作规格的分值为 6 分，即对手型、步型、手法、步法、身法、腿法等方面的要求；劲力、协调的分值为 2 分，即对运劲顺达、沉稳准确、连贯圆活、手眼身法步协调等方面的要求；精神、速度、风格、内容、结构、布局的分值为 2 分，即对意识集中、精神饱满、神态自然、内容充实、速度适中、结构合理、布局匀称等方面的要求。

另外，在观看运动员比赛时，应注意拳架的高低（显示练习者功底是否深厚），动作是否符合规格，重心是否有起伏，是否有断劲现象等，这样才能真正做到“内行看门道”。

第七章
瑜 伽 运 动

第一节 瑜 伽 概 述

瑜伽之所以被越来越多的人接受和认可，不仅因为瑜伽文化的独特魅力，还因为其具有以下几个特点。

1. 瑜伽的安全性

身心的治疗是瑜伽练习最重要的成就之一。瑜伽是极其温和的锻炼方法，没有强迫性，正确地练习瑜伽不会带来副作用。因为它的姿势很容易适应个人的需求，每一个人都可以练习，不管是儿童、年轻人、成人、老人、孕妇、产妇，还是身体有疾病的人，都可以通过不断练习达到身体良好的状态。

2. 瑜伽的有效性

瑜伽对于失眠症、忧郁症、精神幻想症以及神经衰弱患者有镇定作用；能有效消除压力，调节内分泌系统；能慢慢改变练习者原有的不良饮食习惯，养成健康的生活方式；能辅助治疗哮喘、糖尿病、高血压病、关节炎、消化不良等，以及其他一些慢性或先天性疾病；对运动后的恢复也有很好的作用；非常有针对性地塑造身体的每一部分，从而达到健身塑身的效果；可以帮助练习者清除杂乱的思想，发现内心真正的自我，体验平静、安宁的感受。

3. 瑜伽的趣味性

瑜伽姿势大部分是模仿动物或植物的姿势，在练习过程中，应发挥充分的想象力来模仿它们的姿态和呼吸以取得良好的身体状态。在基本的瑜伽姿势基础上，还可以创造性地将瑜伽的一个姿势与另一个姿势配合呼吸流畅地连接起来，这样就可以设计出无数的富有活力和趣味的动态系列，从而使全身各部位都得到充分的锻炼。

4. 瑜伽的形体塑造

瑜伽能加速新陈代谢，去除体内废物，对形体进行修复和塑造，从内及外调理养颜。经常练习瑜伽，会使人气质优雅、体态轻盈，提高人的内在和外在气质，使人变得越来越开朗，充满活力，身心愉悦。

第二节 瑜 伽 呼 吸

呼吸作为人的生理本能，是一种无意识的自然律动，是指机体与外界环境之间气体交换的过程。以瑜伽的观念看来，人类身心问题很多来源于错误的呼吸方式、负面的心态情绪和饮食习惯。所以，学习瑜伽，必须从学习正确的瑜伽呼吸开始。

瑜伽呼吸可分为胸式呼吸、腹式呼吸和完全式呼吸。

一、胸式呼吸

靠肋骨的侧向扩张来吸气。其甚者，吸气时双肩上抬，气息吸得浅，因此又称为肩式呼吸法、锁骨式呼吸法或高胸式呼吸法等。

胸式呼吸动作要领如下。

① 将双手放在第 12 肋两侧，不要施加压力，保持骨盆中立位。

② 收缩腹部，吸气，在保证腹腔壁内收的前提下感觉肋骨架下部升高并向两侧推出。

③ 腹腔壁持续内收，呼气，感觉肋骨架回落。

④ 在吸与呼的过程中始终收缩腹部，感觉肋骨架像一架手风琴那样向两侧扩张和收缩。

⑤ 可保持吸气四拍，呼气四拍，早晚各练习 100 次。

二、腹式呼吸

腹式呼吸是让横膈上下移动。由于吸气时横膈会下降，把脏器挤到下方，因而腹部会膨胀，而非胸部膨胀。吐气时横膈会上升，因而通过腹式呼吸可以比平常进行更深度的呼吸，呼出肺部的二氧化碳。

动作要领如下。

① 两手的拇指和食指做出三角状，放在肚脐中心位置。

② 把手放在腹部，两鼻孔慢慢地吸气，放松腹部，感觉空气被吸向腹部，手能感觉到腹部越抬越高，实际上横膈下降，将空气压入腹部底层。

③ 吐气时，慢慢收缩腹部肌肉，横膈上升，将空气排出肺部。

④ 吐气的时间是吸气的 2 倍。

三、完全式呼吸

完全式呼吸法集合胸、腹式呼吸法为一体，也称横膈膜呼吸法。它能使肺活量增大，血液得到净化，使身体的活力和耐力有所增加。同时使腹部、胸部乃至全身都起伏收缩，起到调节全身器官的作用。

完全式呼吸动作要领如下。

① 仰卧，进入自然呼吸，让身心先安定下来。

② 双手置于小腹上，有意识地在吸气时将空气吸入下胸部，使腹部随着呼吸起伏。在此重复数分钟，双手起到辅助感受的作用。

③ 双手放下至体侧，继续用这种方法呼吸一会儿（以上为孤立的下胸式呼吸，也叫作腹式呼吸）。

④ 双手置于肋骨两侧，掌心向内拢住肋骨腔，有意识地吸气时将空气吸入中胸部，使肋骨腔随着呼吸扩张与收缩。让肋骨腔的动作自然地推动手掌。在此重复数分钟。

⑤ 双手放下至体侧，继续用这种方法呼吸一会儿（以上为孤立的中胸式呼吸）。

⑥ 双手依然在体侧放松，吸气时有意识地将空气吸入上胸部，使锁骨随着吸气靠近耳朵，随着呼气远离耳朵。在此重复数分钟。

⑦ 每次吸气都感觉空气依次进入下、中、上胸部，呼气时感觉空气依次由上、中、下胸部排出。这就是完全式呼吸。

四、瑜伽呼吸注意事项

① 练习时应选择透风性好、空气清新的地方。

② 必须在空腹的状态下练习，饱餐之后做瑜伽呼吸有害健康。

③ 选择一个十分稳定的姿势，保持身体自然、正直、放松。可以根据具体的呼吸练习采用不同的姿势，如坐姿、站姿、仰卧，有些练习甚至可以在走路的过程中完成。

④ 保持面部、口唇和牙齿放松；除非有特殊要求，否则一律通过鼻子吸气和呼气。鼻息的方法可以过滤和温暖空气。

⑤ 保持有节奏的呼吸，除非有特殊要求，否则不要做悬息（屏气）练习。

第三节 瑜伽的静思与冥想

修习瑜伽的前提是必须具备健康的意识状态，即把注意力集中在当下时刻的能力。静思与冥想就是瑜伽中达到这种专注状态的方式。

瑜伽健康的实践，是将体位法、呼吸法、冥想法三者融为一体，达到身心合一的完美境界。冥想比人们想象的要简单得多，只要你能放松自己，保持内心的平和，静观一切，心中无杂念产生，就已经进入冥想的状态。在体位法练习过程中也可以进行冥想。当练习“树式”时，想象身体像棵充满生机的树沐浴在阳光下，脚像有力的树根从大地吸取养分，生命变得充满活力与自信。练习“胎儿式”时，想象身体就像在母亲肚子里的胎儿一样安宁、舒适、身心自然平和，幸福感觉由然而生。又如练习“猫式”时，四肢着地，随着呼吸，腰背缓慢起伏，犹如猫伸懒腰，疲劳、压力、紧张之感在不知不觉中消失。这种冥想带来的乐趣使练习者获益良多。冥想还可以延伸到日常生活中。以专注、平和、冷静的心态去应付各种事情，提高办事效率和兴趣，在这个过程中，实际也完成了一次动态式的冥想活动。

冥想能培养一种满足和平静的情绪状态。它既能使人精神放松，并且能调节血压，还能启动副交感神经系统，从而平息体内的躁动情绪，清除肌肉中不必要的张力，帮助调节呼吸频率。如果每天练习 5 分钟到一个小时的冥想，对生活中减轻压力很有帮助。

在精神方面，注意力集中和大脑平静就能把人带入真正的冥想状态，这时不会被任何事物打扰。

静思与冥想的技巧如下。

（1）把注意力放在呼吸上　只要不停地观察自己的呼吸，就能把全部注意力放在呼吸上，而且不会改变它的方式。

通过鼻子来呼吸，而且把注意力放在呼气（和延长呼气时间）上，而不是吸气。

在每一次呼气时，感觉自己正在释放所有的压力、思绪和情绪，特别是在呼完气，准备再吸气的那一刻。

在练习这个技巧时，既可以把眼睛睁开，也可以把眼睛闭上。如果眼睛是睁开的，让目光停留在某个焦点上，如离身体几十厘米远的地上，或者眼睛水平位置的蜡烛火苗上。如果眼睛是闭上的，则把注意力全部放在呼吸上。

这项技巧对安定情绪和保持大脑清醒非常有效，它能释放由焦虑和疑惑引起的精神压力。

（2）把注意力放在一个物体上　点燃一支蜡烛或者使用任何一个物体，放在离身体几十厘米远的地面上，这样当背部挺直后，眼睛会稍微往下注视，注视的位置既不会离身体太近，也不会太远。在注视蜡烛时，眼睛一定要盯着火苗，如果思绪游离不定，一旦发现自己走神要及时把注意力重新集中在火苗上。

如果愿意，盯着蜡烛几分钟后，闭上眼睛，想象那簇火苗就在自己的眉心之间，在脑海里一直保持这幅画面，直到重新睁开眼睛盯着火苗。可以一会儿睁开眼睛，一会儿闭上眼睛，但每段时间应该保持在1分钟以上。

盯着蜡烛的技巧能延长注意力的时间长度。比如，全家一起冥想，都盯着正中间的蜡烛，也会是一次有趣的经历。

这个练习可以使用任何一个物体，比如一朵花、一块石头等。这个物体越简单越好，这样大脑就不会被细节干扰。

(3) 反复发出“欧姆”的声音　在进行专注呼吸的冥想的基础上，反复发出“欧姆”的声音，吸气的时候说一遍，呼气的时候再说一遍。可以在脑子里默念，也可以大声说出来。

“欧姆”发音能够有效地平定情绪和净化大脑，并培养平和知足的心态。

第四节　瑜伽基本坐姿

瑜伽基本坐姿有简易坐、至善坐、半莲花坐、莲花坐、雷电坐。其中雷电坐、莲花坐是比较高级的瑜伽坐姿，而其余几种坐姿相对简单，适合初学者采用。这些坐姿对提高膝盖、脚踝和脚部的灵活性和柔韧性大有帮助。

一、简易坐

(1) 功法（见图7-1）

图7-1　简易坐

① 直角坐。

② 屈右膝，右腿放左腿根部。

③ 屈左膝，左腿放右腿下。

④ 此坐姿，以10分钟、20分钟递增练习。

(2) 要领　在动作过程中，头、颈和躯干应保持在一条直线上。

(3) 功效　此坐姿有利于髋、踝等关节的健康，增强神经系统功能。

二、至善坐

(1) 功法（见图7-2）

① 直角坐。

图 7-2　至善坐

② 屈左膝，左脚的脚跟紧顶会阴部位。

③ 屈右膝，右脚放置左脚踝上。

④ 右脚跟靠近骶骨，右脚底放置于左腿的大腿与小腿之间。

⑤ 背、颈、头保持直立。

⑥ 闭目，调息，静坐。

⑦ 交换双腿位置，重复练习。

（2）要领　背、颈、头保持直立。

（3）功效　镇定安神，对脊柱下半部和腹部器官有补养增强的作用。

注意：患有坐骨神经痛或筋骨感染的人不宜练习。

三、半莲花坐

（1）功法（见图 7-3）

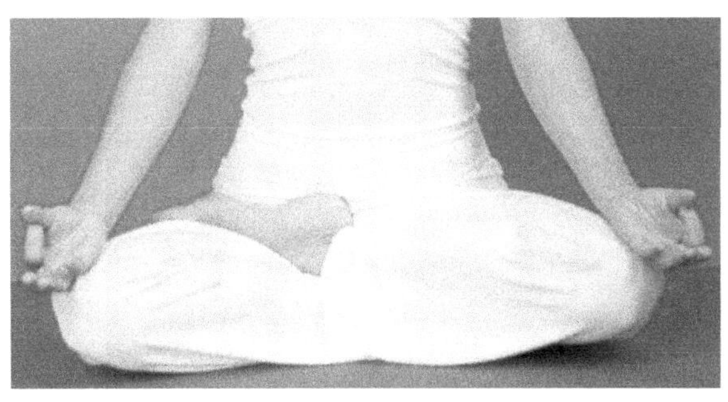

图 7-3　半莲花坐

① 直角坐。

② 屈右膝，将右脚置于左大腿内侧，脚心朝上。

③ 屈左膝，将左脚置于右大腿上。

④ 背、颈、头保持直立。

⑤ 双手呈手印放置双膝上。

⑥ 交换双腿位置，重复练习。

（2）要领　脊背挺直，下颌内收；使头、颈和躯干保持在一条直线上。

（3）功效　半莲花坐具有与莲花坐相同的效果，只是程度低于莲花坐。

注意：患坐骨神经痛和骶骨有疾病的人群不适合做这个练习。

四、全莲花坐

（1）功法（见图 7-4）

图 7-4　全莲花坐

① 直角坐，双手握右脚踝，将右腿放置左大腿上，脚心朝上。

② 双手握左脚踝，将左腿放置右大腿上，脚心也朝上。

③ 挺直脊背，收紧下颌，自然呼吸。

④ 双膝贴向地面，尽量长时间保持坐姿。

⑤ 交换双腿位置，重复练习。

（2）要领　练习此坐姿，切忌膝盖上浮。

（3）功效　莲花坐可增加头部和胸部区域的血液供应，强化神经系统功能，消除紧张与不安状态，使人身心平和，精神专注。

五、雷电坐

（1）功法（见图 7-5）

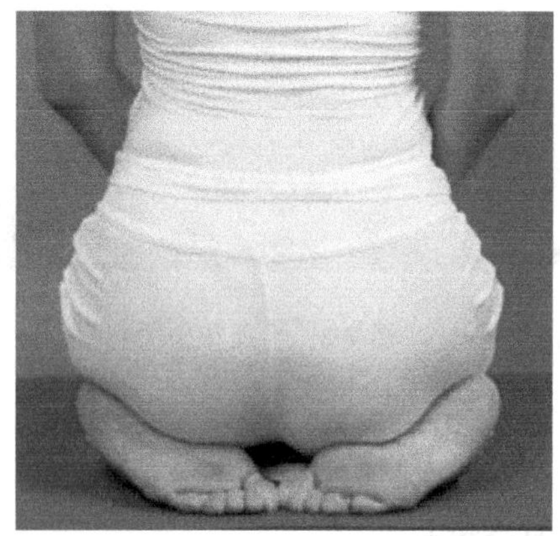

图 7-5　雷电坐

① 跪坐，两脚跟微开，两脚趾相触，但不重叠。

② 臀部坐于两脚内侧，同时手掌心向下，置于大腿部位。

③ 自然呼吸，集中意识。

（2）要领　动作要求放松肩部，挺直脊背，这样能减轻腿部压力，防止腿部发麻。

（3）功效　雷电坐能使膝关节柔韧，祛除全身过多脂肪，有助于治疗失眠。

第五节　瑜伽体位

瑜伽的姿势近百种，仅介绍一些基本和常用的动作。

（1）束角式（见图 7-6）

① 跪坐。

② 用手抓住两脚脚趾，尽可能将其拉近会阴部。

③ 两膝和两脚的外侧都应接触地面，伸直脊柱，尽量长久地保持这个姿势。

④ 呼气，把两肘按落在两大腿上，向前弯身直到头部靠落在地板上。

⑤ 随着身体变得更富有弹性，逐渐把下颌放到地面。

⑥ 正常呼吸，保持这个姿势 30～60 秒。

图 7-6　束角式

⑦ 吸气，回复到挺身坐着的姿势，放开双脚，伸直两腿，放松。

（2）牛面式（见图 7-7）

① 坐在垫子上，双腿伸直向前，两手撑地，抬起臀部。

② 左膝盖弯曲，左腿向后，坐在左脚上。抬起右腿，右腿放在左大腿上，两膝盖上下重叠。抬起臀部，在双手的帮助下，把双脚的脚踝和脚跟相靠。

③ 放松脚踝，脚趾向后。

④ 抬起左手臂，弯曲肘部，把左手由上向下放在背后颈部以下两肩之间的位置，右手由下向上抬起直到两手紧扣。

⑤ 保持这个姿势 30～60 秒，正常呼吸。保持颈部和头部挺直，眼睛注视前方。

图 7-7　牛面式

⑥ 松开双手，伸直腿部，在另一侧重复。然后松开双手，伸直双腿，放松。

（3）单腿交换伸展式（见图 7-8）

① 直角坐，微微向前弯身，两手放在右膝以下。

② 先用右腿力量，再用两臂肌肉力量把右脚收到腹股沟部位，紧靠着左侧大腿内侧。

③ 两臂向前伸，两手并拢，与眼睛同一高度。

④ 慢慢吸气，两手上升高过头部，向后靠约数厘米。

⑤ 慢慢呼气，向前弯身（注意：弯身动作应先从下背部开始，然后逐渐及于脊柱上方），用两手抓住着左腿，尽量抓靠近脚的位置，但绝不应勉强扳动或牵扯。

图 7-8　单腿交换伸展式

⑥ 把躯干慢慢拉近腿部，方法是轻柔而坚定地向下拉，并将两肘向外弯曲。

⑦ 放松颈部肌肉，让颈项下垂。闭目，把注意力集中在两眉之间的中点上。

⑧ 保持这个姿势 10 秒，熟练后，头部就能靠落在双膝之上。

⑨ 动作恢复常态的办法是伸直双臂，吸气，慢慢抬高躯干，挺直身体坐着，右脚紧靠左大腿。将右脚沿左腿滑出放直，以便恢复到起始姿势。

⑩ 休息 20 秒，然后用右腿重复同样的练习。

（4）射箭式（见图 7-9）

① 直角坐，双腿向前伸直并拢，双臂垂于体侧，掌心贴地，指尖向前，脚背绷紧。

② 吸气，弯曲右膝，右手抓住右脚大脚趾。身体前倾，左臂伸直，左手抓住左脚脚趾。

③ 呼气，左手尽量向上拉左脚，直到脚后跟贴近左耳。保持数秒。

④ 身体还原，换另一侧练习。

⑤ 完成后，简易坐，放松全身。

图 7-9　射箭式

（5）骆驼式（见图 7-10）

① 跪坐，双腿与双脚略分开，脚趾向后。

② 吸气，两手放在两髋部，轻轻将脊柱向后弯曲，伸展大腿肌肉。

③ 在呼气的同时，双掌放在脚底，保持双腿垂直于地面，头后仰，用双掌压在脚底，借此轻轻将脊柱向大腿方向推。

④ 保持此式，将颈项向后方伸展，收缩臀部肌肉，伸展脊柱。

⑤ 保持 30 秒之后，将两手放回双髋部位，慢慢恢复预备势。

图 7-10　骆驼式

（6）眼镜蛇式（见图 7-11）

① 俯卧，双手贴在体两侧，两腿并拢，一侧脸颊着垫，全身放松。

② 前额触垫，吸气抬头，双臂用力，双肩和躯干逐步抬起。

③ 练习中始终使头部向后翘（呈反拱）。

④ 翘升以舒适为度，肚脐尽可能紧贴地面。

⑤ 呼气，复位，仰卧。

图 7-11　眼镜蛇式

（7）新月式（见图 7-12）

① 双膝跪立，抬起臀部，上身直立成全跪立姿势，先吸气，呼气时右腿向前伸直。

② 吸气向前举起手臂，然后将手举过头顶，如果患有高血压病，只要把手放在胸前做祈祷状。

③ 呼气时，弯曲右膝成弓步，左臂放低，身体向上舒展，伸直手肘，肩部放松。

功效：可以舒展臀部，增加脊柱的灵活性，舒展胸部，刺激肾脏和肾上腺。

图 7-12　新月式

注意：如果有颈椎疾病，练习时不要低头。弓步时，脚踝应当放在膝部正下方，可以跪在垫子上以保护双膝，注意不要过度拉伸。

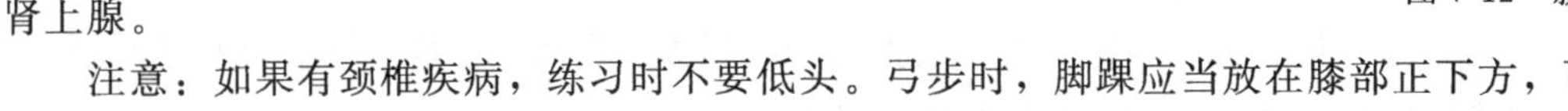

（8）劈叉式（见图 7-13）

① 跪姿，左腿向前伸，右腿向后伸，两手放于体两侧。

② 用力撑两手，使两腿形成一直线，两手合十，放于胸前。

③ 身体稍向后仰，而后呼气，上身及手臂向前下方压，尽量贴左腿前侧，保持 30～60 秒。

④ 吸气，放松两手，上身回到中间。

⑤ 换右腿做同样的练习。

图 7-13　劈叉式

功效：有效锻炼髋部、双腿，预防并缓解坐骨神经痛及腿部疾病。

（9）战士第一式（见图 7-14）

① 三角式站立，右脚尖指向右前方，左脚尖转向右方大约 30°（刚开始也可以 15°，慢慢熟练后可以慢慢调整角度），屈右膝（脚尖和小腿呈 90°，小腿和大腿呈 90°），做成右

弓步。

② 上身躯干转向右方，吸气，两手缓慢上举至头顶上方，双手合十，保持肘部伸直。

③ 呼气，抬头，眼望指尖，自然呼吸 30～60 秒。

④ 吸气，脸朝前，眼看前方，伸直右膝盖。

⑤ 呼气，两手分开，自然放于体侧。

⑥ 换左侧做同样的练习。

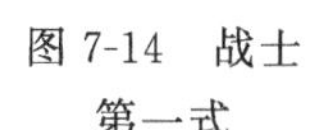

图 7-14 战士第一式

功效：减少腹部、腰部两侧多余脂肪；扩张胸部，伸展颈部，延缓衰老；增强人的平衡感及集中注意力的能力，消除背部及肩部的肌肉紧张；纠正骨盘前倾。

(10) 幻椅式（见图 7-15）

① 山式站立。

② 伸展手臂，拉长脊椎。

③ 弯曲膝盖并将上半身向前弯曲 45°。

④ 保持姿势，均匀呼吸。

功效：这个姿势使背部更加强壮、灵活。

图 7-15 幻椅式

(11) 前屈式（增延脊柱伸展式）（见图 7-16）

① 站立。

② 两膝伸直，呼气，向前弯身，两掌放置两脚旁地面，掌心也贴地。

③ 抬头，伸展脊柱，使两腿与地面垂直。

④ 呼气，放低躯体直至头靠着双膝以下的小腿前面。

⑤ 深呼吸，保持 30～60 秒。

⑥ 吸气，双掌始终贴地不动，抬起头。如无法做到，也可将两手抱住对侧的肘关节。

图 7-16 前屈式

⑦ 深呼吸两次，吸气，慢慢恢复到基本站立式。

(12) 战士第二式（见图 7-17）

① 两脚开立，左脚稍朝内，右脚向右 90°。

② 吸气，两臂侧平举。呼气，弯曲右膝，小腿和躯干都与地面垂直。

③ 稍收下颌，转头向右，注视手指，稍收臂，双脚均匀着地。

④ 下压，左腿伸直，均匀缓慢地呼吸，保持 5～30 秒。

⑤ 慢慢把头转回正中，吸气伸直右腿，呼气时两脚转到前面。

⑥ 落臂，调整呼吸，换向练习。

图 7-17 战士第二式

功效：强壮两腿，消除小腿痉挛；强健两臂，增强平衡感，使腰部更灵活、有力。

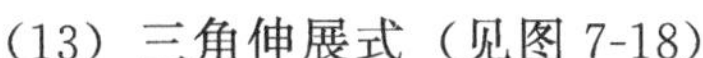

(13) 三角伸展式（见图 7-18）

① 两脚开立，脚尖微外转，两臂侧伸与地面平行，呈三角式。

② 呼气，缓慢向右侧弯腰，弯腰中保持两臂与躯干呈 90°（两臂成一条直线），坚持数秒，均匀呼吸。

③ 吸气，缓慢恢复到三角式，然后在左侧做同样的练习。

④ 左右侧重复练习 5 次。

图 7-18 三角伸展式

功效：此体位能消除腰围区域的赘肉，健壮髋部肌肉，增加身体的柔软和灵活性，还具有美容功效。

警告：孕妇在怀孕 6 个月之后不应再练习此姿势。

（14）树式（见图 7-19）

① 山式站立，重心放在右脚。眼睛注视固定的一点有助于稳定姿势。

② 抬起左脚，握着脚踝，脚底紧贴右大腿内侧，脚跟在舒适的范围内靠近腹股沟，脚趾朝下。

③ 保持髋部朝向正前方，左膝朝着左外侧。

④ 胸前合掌，站稳以后，双臂缓慢高举过头，保持肩下沉。手肘可以伸直或弯曲。

⑤ 躯干从腰往上延伸，轻收腹。平稳均匀地呼吸，保持 10～60 秒。

⑥ 合掌回到胸前，左脚放回地上，两臂放到体侧。换另一侧重复。

图 7-19　树式

（15）鹰式（见图 7-20）

① 山式站立，弯曲左膝。

② 右腿由前向后绕过左膝，叠放在左侧大腿上。

③ 右脚勾在左小腿后，使右腿胫骨紧贴左小腿，右脚大脚趾刚好勾住左脚脚踝内侧上方。右腿完全绕在左腿上。

④ 保持平衡，弯曲肘部，左肘叠放在右肘上，使双肘在胸前上下重叠，两手臂相绕，小手臂垂直于地面。

图 7-20　鹰式

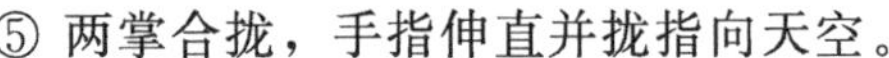

⑤ 两掌合拢，手指伸直并拢指向天空。

⑥ 停留此姿势 15～30 秒，松开两腿和手臂回到山式站立。交换另一侧重复以上练习。

功效：可强健脚踝，提高机体平衡感，消除肩部僵硬，预防小腿肌肉痉挛。

（16）后仰支架式（见图 7-21）

① 直角坐，上身躯干后倾，两掌移向两髋后，十指指向两脚。

② 弯曲双膝，两脚平放地面。

③ 呼气（收缩腹部），缓慢将臀部抬离地面。

图 7-21　后仰支架式

④ 两脚移向前，两膝伸直。

⑤ 正常呼吸，保持这个姿势 10～30 秒。

⑥ 呼气，慢慢把身体放回起始姿势。

⑦ 放松。

功效：有助于消除疲劳，强健胸部，伸展两腿、腹部，强壮关节，改善血液循环系统。

（17）犁式（见图 7-22）

图 7-22　犁式

① 完成肩倒立第一式后，下颌锁定。

② 松下颌，躯干放低，大腿伸过头部，将脚趾放在地面上。

③ 拉伸大腿后部肌肉，绷紧膝盖，躯干抬起。

④ 双手放在背部中央，双手托躯干使躯干与地面垂直。

⑤ 把手臂向腿的反方向伸直，手臂、手掌靠地。

功效：伸展肩部和脊柱，缓解压力和疲劳，对背痛、头痛、脱发、失眠有辅助治疗作用；对缓解更年期综合征有帮助。

（18）顶峰式（见图 7-23）

① 跪坐，臀部放至两脚跟，脊柱挺直。

② 两手放地上，抬高臀部。

③ 吸气，伸直双腿，提臀。

④ 双臂和背部成一条直线，头部处于两臂间，整个身体呈三角形。

⑤ 将脚跟放至地面。

⑥ 正常呼吸，保持这个姿势约 1 分钟。

⑦ 呼气，恢复两手两膝着地的跪姿。

图 7-23　顶峰式

功效：减缓脚跟疼痛和僵硬感；软化骨刺，强壮坐骨神经；消除疲劳。

(19) 半桥式（见图 7-24）

① 仰卧，放松全身。

② 弯曲双膝，双脚平放地面。

③ 吸气，提臀，双手支撑腰部，保持双手掌心向下，放至身体下方。

④ 保持这个姿势 30 秒，正常呼吸。

图 7-24　半桥式

功效：伸展后背和腹部，消除颈椎、肩部紧张。

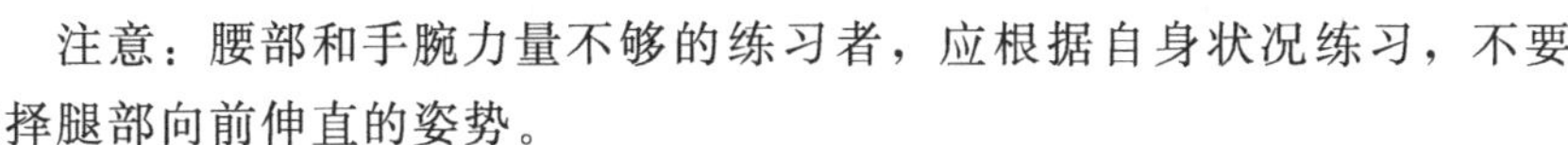

注意：腰部和手腕力量不够的练习者，应根据自身状况练习，不要选择腿部向前伸直的姿势。

(20) 桥式（见图 7-25）

① 仰卧，屈膝，脚跟紧贴双腿背后。

② 双手放在头部两边，掌心贴地，指尖向脚。

③ 深吸气，拱起背部，将髋部与腹部向上升起。

④ 头部向地板低垂，同时双手、双腿均用力向下按。

⑤ 舒适而平稳地呼吸，保持这个姿势数秒。

图 7-25　桥式

⑥ 弯曲双肘，缓慢把头放低至地面，背部滑回地面上。

⑦ 双臂、双腿恢复到仰卧。

功效：放松肩关节和颈部肌肉，使脊柱保持健康和柔韧性；增强腹部肌肉；增强血液循环，使头脑清楚，感觉敏锐；使两腕、两踝和两腿健壮有力。

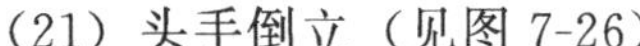

(21) 头手倒立（见图 7-26）

① 蹲立，上体前倾，两手撑垫与头部呈正三角形。

② 两肘内夹，颈部紧张，一腿蹬地，另一腿后上摆。

③ 当腿摆至倒立部位时，蹬地腿主动与摆动腿并拢。

图 7-26　头手倒立

④ 身体重心始终保持在支点垂直范围内。

⑤ 身体伸直并与支撑面垂直。

功效：减缓失眠和记忆力衰退症状；预防动脉硬化；增进皮肤健康；有助于防治脱发秃顶，防止听力衰退。

(22) 肩倒立（见图 7-27）

① 仰卧，头颈保持正直，吸气，屈膝，膝盖压向胃部。

② 双手由臀部向上推动背部，至背部直立（手臂与肩同宽），收紧腹肌、臀肌，缓缓将双膝伸直。

图 7-27　肩倒立

③ 下颌触碰锁骨窝，身体向下颌靠拢，膝盖绷直，收紧腿部肌肉。

④ 自然呼吸，保持此姿势数秒。

⑤ 缓缓放下身体，两腿慢慢放回地面，鱼式放松。

功效：能增强背肌、腹肌及腰部力量；促进血液循环，调整内分泌功能。

(23) 婴儿式放松功（见图 7-28）

① 跪坐，双臂放在身体两侧。

② 臀部坐至脚跟，身体前倾。

③ 额头放置地面，手臂在身体两侧完全下沉。

④ 手背触地，肩部在膝盖的上方也完全下沉。

功效：放松整个脊柱，特别是腰部。

图 7-28 婴儿式放松功

第六节 瑜伽放松

瑜伽放松是瑜伽练习当中的精华部分，也是瑜伽练习当中十分重要的部分。人需要有三部分完全放松：身体上、心理上和精神上。每个人的思想状态与身体状态有着十分密切的联系。现代社会，许多人的身体和意识时时刻刻处于紧张状态，甚至在睡觉时也是如此，这种时时刻刻紧张的状态会直接影响到心脏、肠胃等各个内脏的功能，使内分泌系统紊乱，进而导致体内各系统失去平衡。因此，瑜伽中常以瑜伽放松来放松身心，达到身心健康。瑜伽放松法又称瑜伽休息术，它对身体有莫大的益处，可使大脑、心脏、自主神经系统和肢体得到深度休息，给身体“充电”而恢复活力。一般采取的放松姿势有仰卧功、侧卧的鱼戏式、婴儿式和俯卧式，其中仰卧功是最常用也是绝大部分人喜爱的放松姿势。当然，瑜伽放松的姿势其实不止这几种，每一个瑜伽姿势都有相应的放松姿势，只是这几种方式是最常作为最后的放松姿势，或者作为姿势与姿势之间的放松姿势。

正规的放松应该是一种主动、清醒、意念集中的放松，这样才会有松弛的感觉。放松法因不同的目的、时间和环境而有不同的练习方法。如白天练习的目的在于消除疲劳，快速补充精力，只要做 15 分钟的休息术就可以了，关键是练习过程中专注自身呼吸，保持清醒，不要入睡。在晚上睡觉之前练习，时间可尽量延长，直至自己睡着为止。睡眠质量会因此而得到很好的改善。即使睡较短的时间，早晨醒来也会非常清醒，精神奕奕。练习完体位法后，可做 10 分钟的放松训练，通过松弛来消除运动所产生的紧张。结束每节课或完成一组瑜伽姿势练习后，也用这个方法缓解身体紧张，让体内的能量自由流动，这是保证身体健康的关键。

仰卧放松方法如下。

① 双眼轻闭，采取仰卧姿势，将双腿分开 20～30 厘米，双臂放在身体两侧并稍保持距离，掌心向上。

② 平静均匀地呼吸，不可用力，观察呼吸气流，慢慢放松全身肌肉。

③ 从腿部开始依次放松脚趾、脚背、脚底、小腿、膝部、大腿、下腹部、腰部、下背部和胸部，意识集中停留在胸口，缓慢地深呼吸若干次。然后开始放松颈部、肩部、上臂、下臂、手肘、手腕、手掌、指间，深呼吸若干次。接着放松嘴巴、鼻子、眼皮、眼睛、眉心、前额、耳朵、两颊、太阳穴、头顶、头皮、后脑，深呼吸若干次。

④ 呼气时，好像整个身体都在呼气；吸气时，好像整个身体都在吸气，使心灵宁静、安详，使呼吸保持均匀、宁静、松弛和无声的状态。最后慢慢睁开眼睛，从右边侧身起来，结束。

瑜伽放松法，任何人都可以做，是一简单而有效的放松身心的良方。在做瑜伽放松时，要把呼吸放松到成为一股缓慢、顺畅、稳定而有节奏的气流，这时神经紧张得到消除，心灵得到平静，全身恢复能量，进而带给人和平、宁静的感觉。放松的要领：先是心，然后是身，身心放松才是真正的放松。

第七节 瑜伽练习的准备与注意事项

一、瑜伽练习的各项准备

1. 瑜伽练习的环境

练习瑜伽时要选择安静、清洁、空气新鲜的地方；房间要注意保持空气的流通，经常开窗通风，这对于调息练习尤为重要。练习瑜伽时可以在旁边摆放绿色植物。地上则要铺上柔软的毯子，柔软度控制在能轻松地保持站立，千万不能让脚下打滑；在练坐式瑜伽时可以使用蒲席，这样可以有效防止疲劳。

2. 瑜伽练习的时间

清晨，早饭之前是练习瑜伽的最佳时间。傍晚或是其他时间也可练习，但要保证空腹或完全消化以后再进行练习，大体上是饭后3～4小时，喝入流质食物或饮料时可在半小时后练习。

事实上更为具体的练习时间应该是早上太阳出来以前，中午太阳到头顶时，晚上日落以后及入夜12点。不同时间要练习不同的内容，如早晨多练习体位，中午和晚上多练习冥想等。练习者应该选择对自己最为方便的时间，争取每天都在同一时间练习。

练习瑜伽时，身体保持正常和安静状态，如果身体不适尽量不要练习过于强烈的姿势，也可以完全不进行练习。虽然倡导尽可能多地练习瑜伽，但绝不可以超出身体的能力。

3. 瑜伽练习的用具和着装

一块柔软、暖和的席垫，用于仰卧或俯卧练习；一块防滑垫，用于静态姿势和整套运动练习；服装下身以短裤、宽筒裤、中国传统的练功裤或弹力裤等为宜，上身要宽松。如果容易受伤或关节比较脆弱，可在体育用品店购买俯卧撑用的保护用品。

二、瑜伽练习的原则和要求

1. 正确放松

瑜伽练习中无论是体式、呼吸控制法，还是冥想练习，都需要思想与身体的放松。这种放松不等同于松懈，而是将肌肉与头脑的压力彻底释放出来，所以人在练习前的身心状态非常重要。

2. 正确练习

只有通过正确的方法才可以保证瑜伽练习的道路是通畅的，包括每一个步骤最好有专业的老师指导。即使有多年深入练习的经验也不可疏忽大意。

3. 正确呼吸

如何呼吸是开始练习瑜伽时就需要认真学习和掌握的，这个学习过程也许会贯穿于瑜伽练习的整个过程。

4. 正确饮食

错误的饮食只会影响人体健康，并严重影响瑜伽的练习。另外，饮食的时间、饮食量、营养配比、配合练习的饮食调节等都需要得到正确的指导。

5. 乐观的思想和冥想练习

乐观的思想和冥想练习可以帮助人调整心态，排除负面或悲观的想法。持续练习瑜伽需要毅力，而乐观与平静将帮助人们一直坚持下去。

三、注意事项

如有下列情况，请慢慢开始练习瑜伽，不可操之过急。

① 休息了较长一段时间。

② 大病初愈。

③ 非常疲乏。

④ 经期大量流血。

在下列情况下，请不要练习瑜伽，以免病情加重。

① 持久背脊疼痛（风湿性腰痛、劳损性椎间盘疼痛）。

② 颈项疼痛（主要与事故有关）。

③ 各种炎症（因为练习可能会加重病情）。

④ 血压剧烈升高时（因为力量练习会使血压升高）。

⑤ 手术之后不久（避免伤口撕扯）。

第八章
体育舞蹈

第一节　体育舞蹈基础知识

一、体育舞蹈的分类和特点

体育舞蹈是以男女为伴的一种步行式双人舞的竞赛项目。按照风格和技术结构可将体育舞蹈分为两大类：摩登舞、拉丁舞。摩登舞包括：华尔兹、维也纳华尔兹、探戈、狐步和快步舞 5 个舞种；拉丁舞包括：伦巴、恰恰、桑巴、牛仔和斗牛舞 5 个舞种。这十个舞种均有各自舞曲、舞步及风格。

（一）摩登舞

摩登舞具有端庄、含蓄、稳重、典雅的风格。舞步流畅，轻柔洒脱，舞姿优美，起伏有序，音乐节奏清晰，舞蹈富于技巧性，是老少皆宜的舞系。在服装方面，男士着西装或礼服（燕尾服），女士宜穿晚礼服或露背长裙，显示出庄重、高贵的气质及身材线条的优美。男士舞鞋一般穿黑色或与服装同色的软底跟缚带皮鞋，鞋底轻软；女士舞鞋要求鞋面色彩与衣裙协调，鞋跟高度 5～8cm，鞋面可镶亮饰。

（二）拉丁舞

拉丁舞具有热情、奔放、浪漫的风格特点。舞蹈动作豪放粗犷，速度多变，手势和脚步内容丰富，充满激情，它的音乐热情洋溢、奔放具节奏感。其服饰着重体现人体的曲线美，且带有拉丁风格。男士下着高腰筒裤或萝卜裤，上衣长袖、坎袖衫，紧身或宽松式服装，女士穿露背或露腿短裙或长裙，以展示背、腰、臀、胯、腿部动作的优美线条。拉丁舞鞋比摩登舞鞋鞋跟稍高，女鞋为系带凉鞋，鞋面可加亮饰。

二、基本术语

（一）舞程向

在一个舞池中，为避免相互碰撞而严格规定舞者必须按逆时针方向行进，这个行进方向叫舞程向。

（二）舞程线

沿舞程向方向行进的路线叫舞程线（见图 8-1）。

（三）角度与方位

每个舞步开始、结束时所站立的方向，运步、旋转过程中的方位、角度都有一定的规定。

1. 旋转度表示方式

旋转度（简称转度）是以脚的位置为标准，衡量旋转动作中每一步型、每一舞步，甚至每一舞步间的旋转是多少度。而不是以身体面对的方向作为衡量转度的标准。为了保证舞蹈的严谨、精确，需要采用切分圆的方法，用 1/8、3/8 等来表示旋转度。在记录旋转动作时，应先标明旋转的方向，即左转或右转，再标明角度（见图 8-2）。

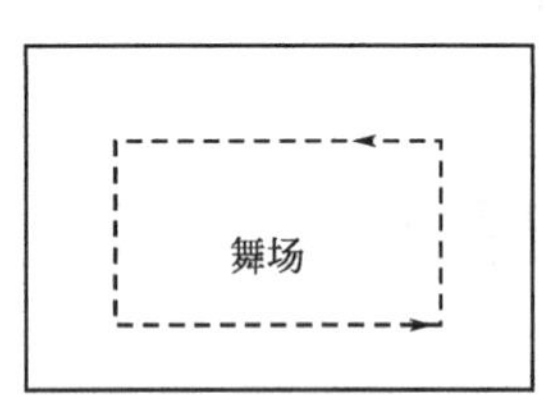

图 8-1　舞程线

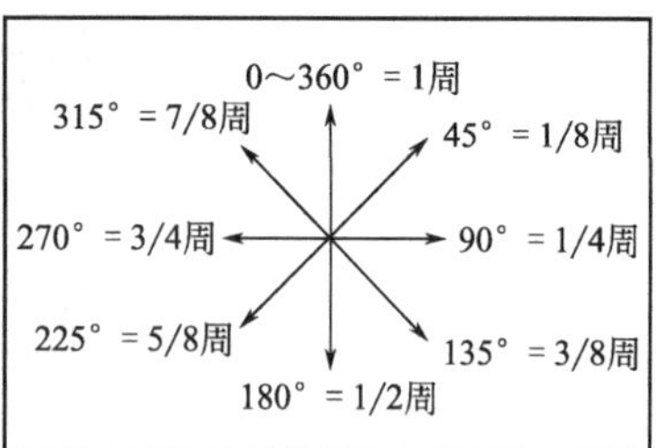

图 8-2　旋转度表示方式

2. 身体方位

为了便于舞蹈进行中正确地辨别方位和检查旋转的角度，根据国际上的惯例，在舞场上要规定一定方位。多以乐队演奏台的一面为规定方位的基点，定为“1 点”，每向顺时针方向转动 45°则变动一个方位。以此类推 2，3，4，…共有 8 个点。因此，一个场地中的四个面为 1，3，5，7 点，四个角为 2，4，6，8 点（见图 8-3）。

身体的方位是以男士正对舞程线站立而确定的身体位置，处于其左侧的舞厅部分为中央（并非指舞厅的中心点），处于其右侧部分为墙。

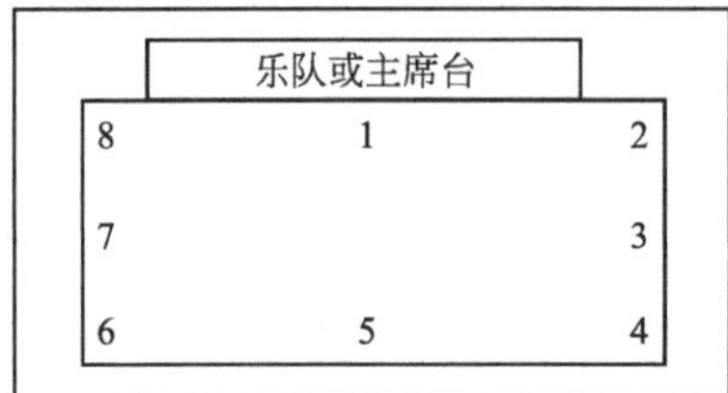

图 8-3　方位

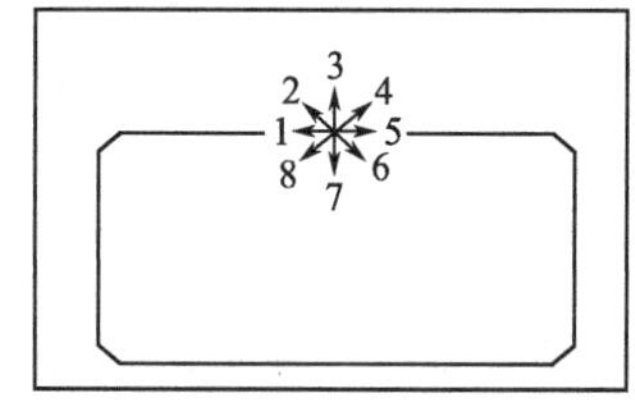

图 8-4　8 条线

8 条线（见图 8-4）介绍如下：

① 男伴面向的是舞程线。

② 男伴右前方即右转 45°后的方向朝壁线倾斜，称为壁斜线。

③ 男伴右肩所向即右转 90°所向为四壁，称为壁线。

④ 男伴左后方即左转 135°后的方向朝中央逆向倾斜，称为逆中央斜线。

⑤ 男伴背向的是逆舞程线。

⑥ 男伴右后方即右转 135°后的方向朝壁线逆向倾斜，称为逆壁斜线。

⑦ 男伴左肩所向即左转 90°所向为舞池中央，称为中央线。

⑧ 男伴左前方即左转 45°后的方向朝中央线倾斜，称为中央斜线。

三、基本站立姿态

1. 摩登舞基本站立姿态

男伴双脚并拢，全足着地，双膝放松，要感觉自己很高，尽量把身体拉高到极限，还要感觉自己身体很宽，双臂平抬，双手肘尖与心窝成为一条直线，左小臂向斜前上方上举与左上臂成略大于 90°，右小臂向斜前下方平伸。

女伴同样要把身体拉高，双手肘尖成为一条直线，轻轻搭在男伴的手臂上，女伴要感觉到身体成两条弧线，一条是由胸腰到头部向后仰的弧线，另一条是由胸腰到头部向左倾的弧线。

四个接触点：

① 男伴左手轻握女伴的右手，男伴的左手拇指与中指稍用力，女伴中指稍用力。

② 男女双方身体的垂直中心线与身体右边线之间的垂直中间线的腰部部分相重叠接触。

③ 男伴右手掌轻托女伴的左肩胛骨下，手掌平伸。

④ 女伴左手虎口张开，放在男伴右上臂三角肌下部，拇指在内侧，其他四指在外侧，腕部和小臂放平，不得突起。

2. 拉丁舞基本站立姿态

双脚并立，身体尽量伸直，使头、肩、胯三点成一线，两眼平视，脖子拉直，下颌稍微内收，后颈较直。挺胸使两肩胛骨向后向内关闭，两肩下沉同时将身体的中段（胸腰部分）向上拔起，使身体的中段和两肩有个互相顶压的力。臀部稍向内收，小腹向上拉，但不可过分使身体变形，感觉上身躯干是直的。两条大腿要稍内收，双膝要绷直，不可弯曲。大腿和小腿的肌肉要收紧，感觉是向反方向拉紧。

拉丁舞预备步站立姿态：左脚在前，脚尖向前方，身体重心在左脚，身体尽量伸直，使头、肩、胯三点成一线。右脚在后打开，膝盖绷直，大拇指内侧点地，脚跟向内侧下压，不要翘起来，脚面绷直。右胯向后斜 45°打开，使身体从上身到右脚尖形成一条很长的直线，可以在舞蹈中表现出很漂亮的形态和体型。

四、体育舞蹈常用符号

(一) 脚（足）迹图示法

① 右足部分用实心画法，易于分辨（见图 8-5）。

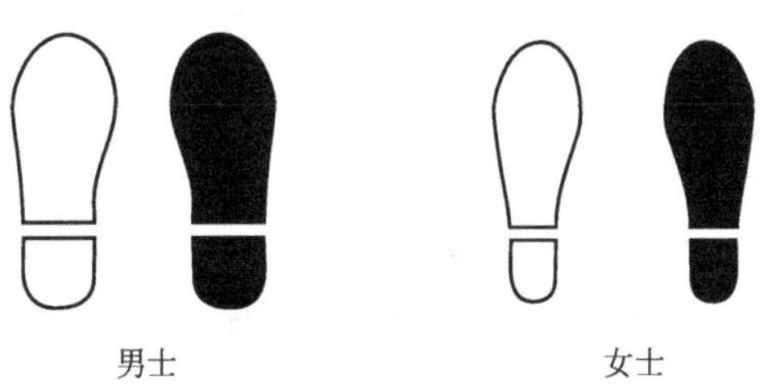

图 8-5　左右足画法示意

② 点地与旋转如图 8-6 所示。

③ 华尔兹方步练习的脚迹图示法，如图 8-7 所示，数字为运步顺序，箭头为行进路线

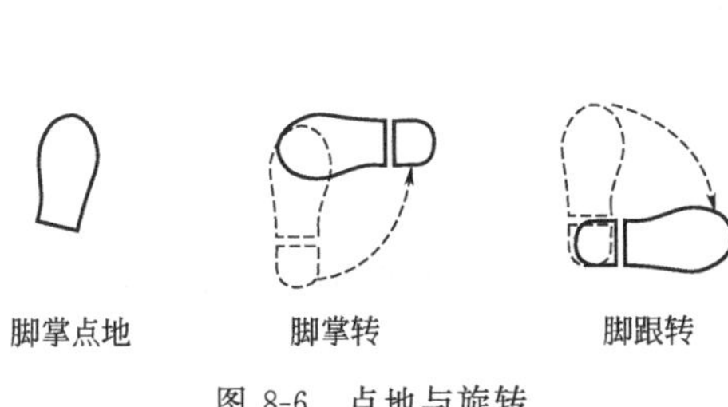

图 8-6　点地与旋转

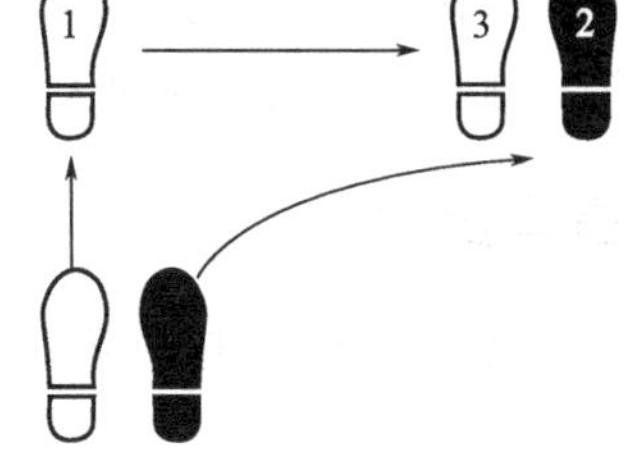

图 8-7　华尔兹方步练习脚迹图示

的方向。

（二）体育舞蹈动作的记写形式

体育舞蹈动作的记写形式，是指把成套动作中相对独立的部分（单个动作或联合动作等）表示出来的书写形式。

1. 连续式（逗号隔开式）

连续式是按动作的先后顺序，用“逗号”把相对独立部分隔开的一种书写形式。如华尔兹：右转步，并换步，左转步，并换步。

2. 连接式（破折号隔开式）

连接式是按动作的先后顺序，用“破折号”把相对独立的学名连接起来的一种书写形式。如探戈：常步——直行连步——分式侧行步。

3. 顺序式（数字分列式）

顺序式是按一个独立动作中每一节拍的先后顺序，用数字分行排列的一种书写形式。

如右旋转步　　步数：6 步

身体位置：

男士：1 壁斜线
　　　3 逆舞程线
　　　6 逆中央斜线

女士：1 逆壁斜线
　　　3 舞程线
　　　6 中央斜线

4. 表格式

表格式是把一个动作每一节拍的运步方向、足位、转度等技术要领用表格形式分别记写。如右旋转步（见表 8-1）。

表 8-1　表格式记写动作

步序	方位	步型	节奏	转度	足步	升降　倾斜	C. B. M
1	逆舞程线	左足后退	1	右转 1/2	尖	降	有
2	面对舞程线	右足前进	2	右转 3/8	跟尖	升	C. B. M. P
3	逆中央斜线	左足拖右后	3		尖	平	

第二节　华　尔　兹

一、概述

华尔兹深受人们喜爱。华尔兹一词最初来自古德文“Walzel”，意思是“滚动”“旋转”或“滑动”。旋转是华尔兹的精髓所在，它的音乐优美动听，舞者在起伏倾斜中旋转，并配有优美的造型，在音乐中表现飘逸、潇洒、典雅的舞蹈风格，被誉为“舞中之皇”。升降、反身、摆荡、倾斜是华尔兹的四大基本元素。

二、基本步型

（1）正直进（男左女右交替运步）（见表 8-2）　直退与正直进舞步基本相同，方向相反。

（2）纵向折角进（见表 8-3）、退

表 8-2　正直进舞步说明

步序	男	节奏	女
1	左脚向前进一大步，重心移到左脚上	强	右脚向后退一大步，重心移到右脚上
2	右脚向前进一大步，重心移到右脚上	次强	左脚向后退一步，重心移到左脚上
3	左脚向前进一大步，重心移到左脚上，如第 3 步并步时，左脚向右脚并步，重心右移；不并步左脚继续向前进步，重心移到左脚上	弱	右脚向后退一步，重心移到右脚上 女伴动作与男伴第 3 步相适应

表 8-3　纵向折角进舞步说明

步序	男	节奏	女
1	双脚前脚掌支撑向右转 45°，同时左脚向前进一大步，重心移到左脚上，女伴在左侧	强	双脚前脚掌支撑向右转 45°，同时右脚向后退一大步，重心移到右脚上，男伴在左侧
2	右脚向前进一小步，同时向左转 45°，重心移到右脚上，男女伴面对	次强	左脚向后退一小步，同时向左转 45°，重心移到左脚上，男女伴面对
3	左脚向右脚并步，重心移到左脚，男女成闭式舞姿	弱	右脚向左脚靠拢成正步，重心移到右脚，男女成闭式舞姿
4	双脚前脚掌支撑向左转 45°，同时右脚向前进一大步，重心移到右脚上，女伴在右侧	强	双脚前脚掌支撑向左转 45°，同时左脚向后退一大步，重心移到右脚上，男伴在左侧
5	左脚向前进一小步，同时向右转 45°，重心落在左脚上，男女面相对	次强	右脚向后退一小步，同时向右转 45°，重心落在右脚上，男女面相对
6	右脚向左脚并步，变成正步，重心移到右脚上	弱	左脚向右脚靠拢成正步，重心移到左脚

纵向折角退与进舞步大体相同，只是方向相反，男变后退步，女变前进步，女前交叉步，男后交叉步。

(3) 方步　包括进、退两种（见表 8-4）。

表 8-4　方步舞步说明

步序	男	节奏	女
1	左脚向前进一大步，重心移到左脚上	强	右脚向后退一大步，重心移到右脚上
2	右脚向前内侧画一个弧进一步，重心移到右脚上	次强	左脚向后内侧画一个弧退一步，重心移到左脚上
3	左脚向右脚靠拢，重心移到左脚上	弱	右脚向左脚靠拢，重心移到右脚上
4	右脚向后退一大步，重心移到右脚上	强	左脚向前进一大步，重心移到左脚上
5	左脚向后侧退一步，重心移到左脚上	次强	右脚向前侧进一大步，重心移到右脚上
6	右脚向左脚靠拢，形成正式闭式舞姿，重心移到右脚上	弱	左脚向右脚靠拢，闭式舞姿，重心移到左脚上

第 2～3 拍构成“前进换步”；第 4～6 拍构成“后退换步”，两个步伐合起来构成“方步”。

(4) 左转体 90°　见表 8-5。

表 8-5　左转体 90°舞步说明

步序	男	节奏	女
1	左脚向前进一大步，重心移到左脚上	强	右脚向后退一大步，重心移到右脚上
2	右脚向前进一步，同时以左脚前脚掌为轴向左转 90°，重心移到右脚上	次强	左脚向后退一步，同时以右脚前脚掌为轴向左转 90°，重心移到左脚上
3	左脚向右脚靠拢成并步，重心移到左脚上	弱	右脚向左脚靠拢成并步，重心移到右脚上

男手势：在第 2 拍转体 90°时，男伴右手与左手配合暗示女伴左转体，并控制其转体的角度。

（5）右转体 90°　见表 8-6。

表 8-6　右转体 90°舞步说明

步序	男	节奏	女
1	右脚向前进一大步，重心移到右脚上	强	左脚向后退一大步，重心移到左脚上
2	左脚向前进一步，同时以右脚前脚掌为轴向右转 90°，重心移到左脚上	次强	右脚向后退一步，同时以左脚前脚掌为轴向左转 90°，重心移到右脚上
3	右脚向左脚靠拢成并步，重心移到右脚上	弱	左脚向右脚靠拢成并步，重心移到左脚上

男手势：在第 2 拍转体 90°时，男伴右手与左手配合暗示女伴右转体，并控制其转体的角度。

（6）左转体 180°　见表 8-7。

表 8-7　左转体 180°舞步说明

步序	男	节奏	女
1	左脚向前进一大步，重心移到左脚上	强	右脚向后退一大步，重心移到右脚上
2	右脚向前进一步，同时以右脚前脚掌为轴向右转 180°，重心移到右脚上	次强	左脚向后退一步，同时以左脚前脚掌为轴向左转 90°，重心移到左脚上
3	左脚向右脚靠拢成并步，重心移到左脚上	弱	右脚向左脚靠拢成并步，重心移到右脚上

男手势：在第 2 拍转体 180°时，男伴左手与右手配合暗示女伴左转体，并控制其转体的角度。

（7）右转体 180°　见表 8-8。

表 8-8　右转体 180°舞步说明

步序	男	节奏	女
1	右脚向前进一大步，重心移到右脚上	强	左脚向后退一大步，重心移到左脚上
2	左脚向前进一步，同时以右脚前脚掌为轴向右转 180°，重心移到左脚上	次强	右脚向后退一步，同时以左脚前脚掌为轴向左转 180°，重心移到右脚上
3	右脚向左脚靠拢成并步，重心移到右脚	弱	左脚向右脚靠拢成并步，重心移到左脚上

男手势：在第 2 拍转体 180°时，男伴右手与左手配合暗示女伴右转体，并控制其转体的角度。

（8）左连续转体 180°　见表 8-9。

表 8-9　左连续转体 180°舞步说明

步序	男	节奏	女
1	左脚向前一大步，重心移到左脚上	强	右脚向后退一大步，重心移到右脚上
2	右脚向前进一大步，同时以左前脚掌为轴向左转 180°，重心移到右脚上	次强	左脚向后退一大步，同时以右前脚掌为轴向左转 180°，重心移到左脚上
3	左脚向右脚靠拢成正步，重心移到左脚上	弱	右脚向左脚靠拢成正步，重心移到右脚上
4	右脚向后退一大步，重心移到右脚上	强	左脚向前进一大步，重心移到左脚上

续表

步序	男	节奏	女
5	左脚向后退一大步,同时以右前脚掌为轴左转体180°,重心移到左脚上	次强	右脚向前进一大步,同时以左前脚掌为轴左转体180°,重心移到右脚上
6	右脚向左脚靠拢成正步,重心移到右脚上	弱	左脚向右脚靠拢成正步,重心移到左脚上

男手势,男伴在第2拍左转180°的同时,男伴的左手与右手相配合暗示女伴左转,并控制好转体角度。男伴在第5拍时,左手配合右手暗示女伴左转,并控制好转体角度。

(9)右连续转体180° 见表8-10。

表8-10 右连续转体180°舞步说明

步序	男	节奏	女
1	右脚向前一大步,重心移到右脚上	强	左脚向后退一大步,重心移到左脚上
2	左脚向前进一大步,同时以右前脚掌为轴右转体180°,重心移到左脚上	次强	右脚向后退一大步的同时以左前脚掌为轴右转体180°,重心移到右脚上
3	右脚向左脚靠拢成正步,重心移到右脚上	弱	左脚向右脚靠拢成正步,重心移到左脚上
4	左脚向后退一大步,重心移到左脚上	强	右脚向前进一大步,重心移到右脚上
5	右脚向后退一步,同时以左前脚掌为轴右转体180°,重心移到右脚上	次强	左脚向前进一步,同时以右前脚掌为轴右转体180°,重心移到左脚上
6	左脚向右脚靠拢成正步,重心移到左脚上	次强	右脚向左脚靠拢成正步,重心移到右脚上

男手势:在第2拍右转180°时,男伴的右手与左手相配合暗示女伴右转,并控制好转体角度。男伴在第5拍时,左手配合右手暗示女伴右转,并控制好转体角度。

(10)华尔兹花样舞步 见表8-11。

表8-11 华尔兹花样舞步介绍

步序	男	节奏	女
1	左脚向前前进一大步,重心移在左脚	强	右脚向后退一大步,重心移在右脚
2	右脚向右斜前方45°进一步,重心移到右脚	次强	左脚向左斜前方45°退一步,重心移到左脚
3	左脚前脚掌在地面划一个半圆,左脚从右脚跟绕过,放在右脚的外侧,重心移到左脚前脚掌	弱	右脚前脚掌在地面划一半圆,右脚从左脚跟绕过,放在左脚外侧,重心移到右脚前脚掌
4	右脚向左斜前方45°进一小步全脚掌着地,重心移到右脚上,左脚不动	强	左脚向右斜前方45°进一小步全脚掌着地,重心移到左脚上,右脚不动
5	左脚前脚掌向左斜前方进一小步,靠在右脚外侧,重心移到左脚,男伴右脚向斜前进一小步,重心移到右脚	次强	右脚前脚掌向右斜后方进一小步,重心移到右脚,女伴左脚向右脚靠拢,重心移到左脚
6	左脚前脚掌向左斜前方45°进一步,重心移到左脚	弱	右脚前脚掌向右后斜方45°退一步,重心移到右脚
7	右脚向前进一步,同时向右转体90°,重心移到右脚	强	左脚向后退一步,同时向右转体90°,重心移到左脚
8	左脚前脚掌向左边进一步,同时向右转体90°,重心移到左脚	次强	右脚前脚掌向右边进一步,同时向右转体90°,重心移到右脚
9	右脚向左脚并步,重心移到右脚	弱	左脚向右脚并步,重心移到左脚

第三节　慢　四　步

一、概述

慢四步节拍为 4/4 拍，每小节四拍，第一拍为强拍，第三拍为次强拍，二、四拍为轻拍。每分钟 22～26 小节。舞步基本节奏：慢、慢、快、快。每四步为一个小循环，步行速度比较缓慢，给人以稳健、深沉、悠闲之感。

二、基本步型

1. 直进步（见表 8-12）

表 8-12　直进步舞步说明

步序	男	节奏	女
1	左脚向前进一步，重心移到左脚，1、2 拍	慢	右脚向后退一步，重心移到右脚，1、2 拍
2	右脚向前进一步，重心移到右脚，3、4 拍	慢	左脚向后退一步，重心移到左脚，3、4 拍
3	左脚向前进一步，重心移到左脚，5 拍	快	右脚向前退一步，重心移到右脚，5 拍
4	右脚向前进一步，重心移到右脚，6 拍	快	左脚向后退一步，重心移到左脚，6 拍

2. 直退步（见表 8-13）

表 8-13　直退步舞步说明

步序	男	节奏	女
1	左脚向后退一步，重心移到左脚，1、2 拍	慢	右脚向前进一步，重心移到右脚，1、2 拍
2	右脚向后退一步，重心移到右脚，3、4 拍	慢	左脚向前进一步，重心移到左脚，3、4 拍
3	左脚向后退一步，重心移到左脚，5 拍	快	右脚向前进一步，重心移到右脚，5 拍
4	右脚向后退一步，重心移到右脚，6 拍	快	左脚向前进一步，重心移到左脚，6 拍

3. 横步

从正步位开始，左脚向左侧横迈一步（步不要太大，大约与肩同宽），重心移到左脚上，左膝基本上处于伸直状态，右脚用半脚掌在左脚侧着地。

4. 并步

向前并步，就是将身后的那一条腿向前支撑腿靠拢成正步位置。

向后并步，就是将身前的那一条腿向后支撑腿靠拢成正步位置。

向侧并步，就是将旁边的腿向支撑腿靠拢，成并步位置。

5. 横并步（见表 8-14）

表 8-14　横并步舞步说明

步序	男	节奏	女
1	左脚向前进一步，重心移到左脚，1、2 拍	慢	右脚向后退一步，重心移到右脚，1、2 拍
2	右脚向前进一步，重心移到右脚，3、4 拍	慢	左脚向后退一步，重心移到左脚，3、4 拍
3	左脚向旁迈一横步，重心移到左脚，5 拍	快	右脚向旁迈一横步，重心移到右脚，5 拍
4	右脚向左脚并步成正步，重心移到右脚，6 拍	快	左脚向右脚并步成正步，重心移到左脚上，6 拍

6. 弧线向右转体 90°（见表 8-15）

表 8-15 弧线向右转体 90°舞步说明

步序	男	节奏	女
1	左脚向前进一步，重心移到左脚，1、2 拍	慢	右脚向后退一步，重心移到右脚，1、2 拍
2	右脚向前进一横步，同时右转体 90°，重心移到右脚，3、4 拍	慢	左脚向后退一横步，同时右转体 90°，重心移到左脚，3、4 拍
3	左脚向前进一步，重心移到左脚，5 拍	快	右脚向后退一步，重心移到右脚，5 拍
4	右脚向前进一步，重心移到右脚，6 拍	快	左脚向后退一步，重心移到左脚，6 拍

7. 弧线向左转体 90°（见表 8-16）

表 8-16 弧线向左转体 90°舞步说明

步序	男	节奏	女
1	左脚向前进一步，重心移到左脚，1、2 拍	慢	右脚向后退一步，重心移到右脚，1、2 拍
2	右脚向前进一横步，同时左转体 90°，重心移到右脚，3、4 拍	慢	左脚向后退一横步，同时左转体 90°，重心移到左脚，3、4 拍
3	左脚向前进一步，重心移到左脚，5 拍	快	右脚向后退一步，重心移到右脚，5 拍
4	右脚向前进一步，重心前移，6 拍	快	左脚向后退一步，重心后移，6 拍

8. 进退左转 90°（见表 8-17）

表 8-17 进退左转 90°舞步说明

步序	男	节奏	女
1	左脚划一个弧线向左斜前方 45°进一步，重心移到左脚，1、2 拍	慢	右脚划一个弧线向右斜后方 45°退一步，重心移到右脚，1、2 拍
2	左脚划一个弧线向左斜前方 45°进一步，重心移到右脚，3、4 拍	慢	左脚划一个弧线向右斜后方 45°退一步，重心移到左脚，3、4 拍
3	左脚沿着弧线向左后方退一步，重心移到左脚，5 拍	快	右脚沿着弧线向右斜前方进一步，重心移到右脚，5 拍
4	右脚后向并步成正步，重心移到右脚，6 拍	快	左脚向前并步成正步，重心移到左脚，6 拍

9. 进退右转 90°

舞步跳法同进退左转 90°，方向相反。

第四节 伦 巴

一、概述

伦巴在拉丁舞中是一项具有独特魅力的舞蹈，它的舞曲具有独特鲜明的节奏，配上拉丁美洲的打击乐器，给人以一种轻松、甜美之感。伦巴在音乐上缠绵深情，舞步上婀娜多姿，风格上柔媚抒情，使舞蹈充满了浪漫情调，令人陶醉。伦巴有“拉丁舞之魂”之美誉。伦巴的音乐是 4/4 拍，音乐速度为每分钟 25～27 小节左右，伦巴是一种四拍走三步的舞蹈，要“先出胯，后出步”，节拍是“2、3、4～1”，音乐重拍是第一拍，动作上表现为髋部的运动。

二、基本步型

1. 基本步（见表 8-18）

表 8-18　基本步舞步说明

步序	节奏	基本步型	参考要点
1	2	男:右脚前进,胯向左后摆转(前脚掌平衡) 女:左脚后退,胯向右后摆转(重心脚外展)	男伴前进时没有重心脚外展,女伴收腹,退步前脚不要后拖移
2	3	男:重心后移至右脚,胯向右后摆转 女:重心前移至左脚,胯向左后摆转	节奏 3 时立腰收腹,眼睛平视,男伴牵引女士移动重心
3	4.1	男:左脚横步稍后,胯经前向左后摆转 女:右脚横步稍前,胯经前向右后摆转	节奏 4 时要拉伸身体的线条,脚跟放低,胯部在节奏 1 的后半拍自然放松

2. 扇形步

是男女舞伴向左右打开，形成扇形面的舞姿，它有多种衔接法，一般是做完基本步的前半部后由男伴引导做扇形步，节拍 1 节 3 步（见表 8-19）。

表 8-19　扇形步舞步说明

步序	节奏	基本步型	参考要点
1	2	男:右脚后退(闭式舞姿准备) 女:左脚前进,准备向左转	男伴侧身引带,手由高向引带,并请女伴的意向,男伴后退 1/8 转,女伴左前进 3/8 转
2	3	男:重心前移至左脚,右手带领女伴左转 女:上右脚准备左转,右脚后退	男伴引带女伴,节拍的后半拍让女伴左转,女伴脚位应走里线
3	4.1	男:右脚步横步与女伴分离,左手握女伴右手 女:左脚步后退与男伴分离(节奏 4) 男:重心移至右脚,右胯摆出,完成扇形步 女:重心移至左脚,右胯摆转,完成扇形步	节奏 4 时男女舞伴都要把脚收回,并注意手臂与身体相靠,各自留有张力,结束位时两人距离要适当,女伴手臂 90°角,男伴面向女伴

3. 曲棍步

曲棍步是由于女伴右转时的步子路线形似曲棍球棒而得名。一般从扇形步连接，后接开式扭胯步，节拍 2 小节 6 步（见表 8-20）。

表 8-20　曲棍步舞步说明

步序	节奏	基本步型	参考要点
1	2	男:左脚前进(从扇形舞步准备) 女:右脚收并左脚,拧胯,重心移至右脚,收腹上提,两脚相夹	男伴前进步,手有推拉的张力,女伴在收脚时注意两脚的吸力,提髋并稳住重心,手臂稍稍靠住身体
2	3	男:原地重心后移至后脚,收腹上展 女:左脚前进,脚形要美,手臂打开	男伴向前向上引带,退步要稍小些脚跟放低,重心在大半前脚拿上
3	4.1	男:左脚并右脚,左手拇指向下锁住女伴 女:右脚前进,靠近男伴左侧,手臂前上	男伴注意引带手的高度,并要形成一个窗口位置,女伴前进步时不超男伴领带线
4	2	男:右脚后退,稍向右转 25°,手指相接 女:左脚向左斜出前 25°前进,准备左转	男伴后退步要小,引带要准确,要有一定的转度,女伴前进时身体要有转度
5	3	男:重心前移至左脚,身体不要因为手臂而变 女:右脚横步稍前,左转 5/8 周与男伴相适应	女伴要突出节奏 3 的后半拍并有视点的快速转换,要讲究音乐的处理
6	4.1	男:右脚前进,从第 4 步至第 6 步共转 1/8 周 女:左脚后退,从第 4 步至第 6 步共转 5/8 周	眼睛要沟通,相对应的距离不要太远,手臂尽力向下,身体向上展

4. 右分展步（表 8-21）

表 8-21　右分展步舞步说明

步序	节奏	基本步型	参考要点
1	2	男:左脚横步稍前,右手扶着女伴(腰立直) 女:右脚后退,右脚转 1/2 周	男伴左手心向下略外推,引导女伴由闭式成分展式外开,面对前方,前手略低
2	3	男:重心移至右脚 女:重心移至左脚,向左转 1/4 周	男伴左手向前引带,并有反身动作,女伴重心移向左脚时应稍向前
3	4.1	男:左脚并右脚,手臂不可太高 女:右脚横步,向左转与男伴合成闭式舞姿	男伴在节奏 4 时应有一定的拉伸,提髋,女伴最后重心在左脚,节拍 4,身体上部拉伸

5. 闭式扭胯转

闭式扭胯转是从闭式舞姿开始做的胯部扭转动作。要求圆润而自然，不可生硬的扭动，这个动作前 3 步是右分展步，从第 4 步开始为闭式扭转（见表 8-22）。

表 8-22　闭式扭胯转舞步说明

步序	节奏	基本步型	参考要点
1	2	男:在右分展步后,左脚横步,立腰 女:右分展的最后用力右转,拧胯右转 1/4	男伴大臂稍与身体相靠,引带时注意给女伴留出更多的空间
2	3	男:重心前移右脚(注意保持舞姿) 女:右脚前进准备左转,展示腿形美	男伴两大臂与身体靠近,并有收紧待发的感觉
3	&	男:右脚重心,略左转(节拍是 &,是半拍) 女:左转,以右脚掌为轴成面对男伴舞姿	男伴引导的动作要轻些,并注意自己的重心稳定,女伴的返身必须在半拍完成
4	4.1	男:左脚并在右脚旁,成扇形步 女:并脚,这一步应有划腿的动作	女伴这一步是展示腿部的延伸和划腿动作

6. 阿列曼娜（表 8-23）

表 8-23　阿列曼娜舞步说明

步序	节奏	基本步型	参考要点
1	2	男:从扇位开始,左脚前进半重心 女:右脚掌向左脚并步,脚跟踏下拧胯	男伴引带要有推和拉的感觉,女伴重心移至右脚,注意两膝相靠
2	3	男:重心后移右脚,退步要小些 女:左脚前进,展示腿形的美	男伴有引带的意识,引带动作要轻,给女伴留出更多展示空间
3	4.1	男:左脚并右脚,手过头 30° 女:右脚前进靠近男伴,不要超男伴领带线,在 1 的后半拍(&)时略向右转(由男士引带,眼对视)	男伴引带的距离,手臂的力度都很重要,女伴在节奏 & 肘手臂与男伴有一个相互的抵力,每一次都要成直角
4	2	男:右脚后退,步子要小些 女:以右脚为轴,向男左臂下转 1/4 周左脚在前	男伴引带并帮助女伴旋转 1/8 周并控制转动的速度,旋转时有上升
5	3	男:重心移至左脚 女:左脚为轴,继续右转 1/4 周,右脚前进	男伴引带时前进移重心要稳,两腿相吸,手的引带要准确
6	4.1	男:右脚并左脚,每次重心转换要清楚 女:左脚前进,右转 1/4 周成闭式	与女伴相同位手臂,头的方位相同

7. 螺旋步（见表 8-24）

表 8-24　螺旋步舞步说明

步序	节奏	基本步型	参考要点
1	2	男：(闭式舞姿开始)左脚踏步，左转 1/8 周 女：右腿后退，右转 3/8 周	男伴注意留空间便于女伴旋转
2	3	男：重心移向右脚 女：重心移至左脚注意借助男伴手腕的力	引导女伴向左前探身，腿要有一个冲力，重点是借助男伴手腕的力量
3	4.1	男：开右脚，然后将重心移向左脚，节奏 4.1 男伴引导女伴旋转 女：右脚交叉踏在左脚前，以右脚掌为轴向左拧转，经与男伴相对后再继续左拧转，从 3 到 4.1 共转 360°后右脚交叉左脚前	男伴左手要引带和帮助女伴旋转，女伴旋转时要保持右脚掌重心，完毕时重心仍在右脚，左脚虚点右脚前，重心要集中不要散开

8. 开式扭胯转（表 8-25）

表 8-25　开式扭胯转舞步说明

步序	节奏	基本步型	参考要点
1	2	男：左脚前进(从开式位开始) 女：右脚后退身体放松而且有向上展的力	男伴手臂与身体平行，推位要注意轻，有意识使女伴身体拉伸线条
2	3	男：重心后移至右脚，节奏 3 时踩慢拍 女：左脚前进应向男伴的稍右上步	男伴注意引带和重心的转换，女伴注意借助男伴的手，同时要有视点的变化
3	4.1	男：节拍 4 左脚向右脚并步，节拍 1 时，重心移至左脚，右手用小臂及手腕带女伴扭胯转 女：节拍 4 时右脚前进靠近男伴，节拍 1 时以右脚掌为轴，向右用力扭胯右转 1/4	男伴手臂与身体靠近些，要在节奏 1 的后半拍引导女伴旋转，女伴要稍右些靠近男伴，控制距离以有利于女伴裙摆的需要
4	2	男：右脚后退，保持身体正常舞姿 女：左脚前进，有一定的返身动作	男伴要注意手的引带，后退的步子要小，女伴的步子也要小些，展示腿形美
5	3	男：重心前移至左脚 女：右脚横步，左转	男伴的引带注意节奏 3 的后半拍再让女伴返身，女伴要有视点的转换
6	4.1	男：右脚横步打开(全身动作协调) 女：左脚后退，这小节共转 5/8 周	张力和之间的距离同扇位步(应先找到相互的合力)

第五节　恰　恰　舞

一、概述

恰恰舞舞风趣诙谐，热烈而又俏美。胯部的扭摆别有一番风韵，尤为年轻人所喜爱。恰恰舞名称动听，节奏欢快易记，配以邦伐斯鼓和沙球的“咚咚”“沙沙”声，备受欢迎，它是拉丁舞中最受欢迎的舞蹈。

恰恰舞音乐曲调欢快有趣，4/4 拍，每分钟 30～32 小节，每小节走 5 步，即：“2，3，4、&、1”，舞蹈时，在前脚掌上施力，当移重心至脚上时，脚跟要放低，膝关节伸直，用稍离地面的踏步来表达心情的欢快。

二、基本步型

(1) 基本步（表 8-26、表 8-27）

表 8-26　男士基本动作说明

步数	脚位	转度	拍数
1	左脚向前		2
2	重心回到右脚	开始左转，1～5 完成左转 1/8 或 1/4	3
3～5	向左追步		4&1
6	右脚向后		2
7	重心回到左脚	6～10 完成左转 1/8 或 1/4	3
8～10	向右追步		4&1

男士：闭式位开始，重心在右脚。

表 8-27　女士基本动作说明

步数	脚位	转度	拍数
1	右脚向后		2
2	重心回到左脚	开始左转，1～5 完成左转 1/8 或 1/4	3
3～5	向右追步		4&1
6	左脚向前		2
7	重心回到右脚	6～10 完成左转 1/8 或 1/4	3
8～10	向左追步		4&1

女士：闭式位开始，重心在左脚。

（2）扇形步（表 8-28、表 8-29）

表 8-28　男士扇形舞步说明

步数	脚位	转度	拍数
1	左脚向前		2
2	重心回到右脚		3
3～5	向左追步	1～5 左转 1/8	4&1
6	右脚向后		2
7	重心回到左脚		3
8～10	向右追步		4&1

男士：闭式位开始，重心在右脚。

表 8-29　女士扇形舞步说明

步数	脚位	转度	拍数
1	右脚向后		2
2	重心回到左脚	1～5 左转 1/8	3
3～5	向右追步		4&1
6	左脚向前		2
7	右脚向后偏右，松开左手	7～10 左转 1/4	3
8～10	向后锁步		4&1

女士：闭式位开始，重心在左脚。

（3）阿列曼娜（开始于扇形位，表 8-30、表 8-31）

表 8-30　男士阿列曼娜舞步说明

步数	脚位	转度	拍数
1	左脚向前		2
2	重心回到右脚		3
3～5	向左极小的追步		4&1
6	右脚向后		2
7	重心回到左脚		3
8～10	向右极小的追步		4&1

表 8-31　女士阿列曼娜舞步说明

步数	脚位	转度	拍数
1	右脚靠近左脚		2
2	左脚向前	右转 1/8	3
3～5	向前锁步		4&1
6	左脚向前		2
7	右脚向前	6～10 右转 $1\frac{1}{8}$	3
8～10	向前锁步		4&1

(4) 手接手（表 8-32）

表 8-32　男士手接手舞步说明

步数	脚位	转度	拍数
1	左脚向后	左转 1/4	2
2	重心回右脚		3
3～5	向左追步	2～5 完成右转 1/4	4&1
6	右脚向后	右转 1/4	2
7	重心回左脚		3
8～10	向右追步	7～10 完成左转 1/4	4&1

男士：面对双手环握开始。

女士：开始并结束于双手环握。1～5 同男士 6～10，6～10 同男士 1～5。

(5) 曲棍步（开始于扇形位，表 8-33、表 8-34）

表 8-33　男士曲棍步舞步说明

步数	脚位	转度	拍数
1	左脚向前		2
2	重心回右脚		3
3～5	向左追步		4&1
6	右脚小步向后		2
7	重心回到左脚	7～10 右转 1/8	3
8～10	向前锁步		4&1

表 8-34　女士曲棍步舞步说明

步数	脚位	转度	拍数
1	右脚靠近左脚		2
2	左脚向前		3
3～5	向前锁步		4&1
6	左脚向前	左转 1/8	2
7	右脚向后偏右		3
8～10	向后锁步	7～10 左转 1/2	4&1

(6) 定点转（表 8-35、表 8-36）

表 8-35　男士定点转舞步说明

步数	脚位	转度	拍数
1	左脚向前	右转 1/4	2
2	右脚向前	右转 1/2	3
3～5	向左追步	右转 1/4	4&1

男士：面对开立，重心放右脚。

表 8-36　女士定点转舞步说明

步数	脚位	转度	拍数
1	右脚向前	左转 1/4	2
2	左脚向前	左转 1/2	3
3～5	向右追步	左转 1/4	4&1

女士：面对开立，重心放左脚。

参 考 文 献

[1] 宋永红. 新编体育与健康. 长春：吉林大学出版社，2016.

[2] 张瑞林. 体育保健与康复. 北京：高等教育出版社，2005.

[3] 杨克新. 健康气功全书. 天津：天津科技出版社，2014.

[4] 国家体育总局健身气功管理中心. 健身气功八段锦. 北京：人民体育出版社，2018.

[5] 文超. 田径运动高级教程. 北京：人民体育出版社，2018.

[6] 施之皓. 现代乒乓球运动教程：基本理论与技战术. 北京：高等教育出版社，2018.

[7] 郭传光. 陈氏太极拳简易 24 式. 成都：成都时代出版社，2010.

[8] 凯瑟琳·巴蒂格. 瑜伽全书. 陈超琪，译. 北京：人民邮电出版社，2018.

[9] 吴东方. 体育舞蹈. 北京：高等教育出版社，2016.